RUSSIAN IN ACTION: LISTENING AND READING - 5

Intermediate Level

ELEONORA KIRPICHNIKOVA

2024

CONTENTS

Глава 1. ЭКСТРЕМАЛЬНАЯ ПОГОДА 2
    Часть 1.1 2
    Часть 1.2 5
    Часть 1.3 8
    Часть 1.4 12
    Часть 1.5 15

Глава 2. ТЕРРОРИЗМ 19
    Часть 2.1 19
    Часть 2.2 23

Глава 3. ЭКОЛОГИЯ В РОССИИ 30
    Часть 3.1 30

Глава 4. ИНФОРМАЦИЯ И МЕДИА 35
    Часть 4.1 35
    Часть 4.2 38
    Часть 4.3 43
    Часть 4.4 49
    Часть 4.5 53

Глава 5. ОБОРОНА И ВОЕННЫЕ УЧЕНИЯ 57
    Часть 5.1 57
    Часть 5.2 61
    Часть 5.3 64
    Часть 5.4 66

Глава 6. ИСКУССТВЕННЫЙ ИНТЕЛЛЕКТ В ОБУЧЕНИИ 70
    Часть 6.1 70
    Часть 6.2 74
    Часть 6.3 78

КЛЮЧИ 83

Аудио и видео материалы к учебному пособию 86

Глава 1.

ЭКСТРЕМАЛЬНАЯ ПОГОДА

Часть 1.1

Задание 1. Послушайте и прочитайте словарь.

1. волна жары - heat wave
2. метеоролог - meteorologist
3. отступать/отступить - move back, step back
4. приближаться – to approach
5. рекордные температуры - record temperatures
6. встревожен - alarmed
7. прогноз - forecast
8. лишь немногим ниже - just a little lower
9. наряду с - along with
10. четвероногий друг - four-legged friend
11. морской бриз - sea breeze
12. прохладный – chill, breezy
13. жара - heat

14. затрагивать/затронуть - affect
15. значительно – very much
16. осложнять/осложнить – to complicate
17. вспыхивать/вспыхнуть – to flare
18. во избежание – to avoid

Задание 2. Послушайте запись. Впишите слова.

В некоторых районах Испании, например, в Малаге, даже ……………….. не приносит облегчения: в полночь ……………….. воздуха может достигать 36°C. В Турции жара значительно осложняет борьбу с лесными ……………….., вспыхнувшими в провинции Мугла. Одна из деревень этого региона была ……………….. во избежание человеческих ……………….…..

Задание 3. Послушайте фразы.

Новый антициклон …

Новый антициклон "Харон" может принести …

Новый антициклон "Харон" может принести рекордные температуры.

Наряду с людьми страдают …

Наряду с людьми страдают и домашние животные: …

Наряду с людьми страдают и домашние животные: многие владельцы собак приводят своих четвероногих друзей на пляж, …

Наряду с людьми страдают и домашние животные: многие владельцы собак приводят своих четвероногих друзей на пляж, чтобы насладиться морским бризом …

Наряду с людьми страдают и домашние животные: многие владельцы собак приводят своих четвероногих друзей на пляж, чтобы насладиться морским бризом и прохладной водой.

Одна из деревень …

Одна из деревень этого региона была эвакуирована …

Одна из деревень этого региона была эвакуирована во избежание человеческих жертв.

Задание 4. Послушайте однокоренные слова.

Жара – жаркий – жарить, рекорд – рекордный, пожар – пожарный, борьба – бороться, эвакуация – эвакуировать, жертва – жертвовать.

Задание 5. Посмотрите видео. Прочитайте статью.

ЖАРА В ЕВРОПЕ: "ЦЕРБЕР" ОТСТУПАЕТ, "ХАРОН" НАСТУПАЕТ.

Волна жары, названная метеорологами "Цербер", отступает от Европы, но приближается новый антициклон с не менее говорящим именем - "Харон", и он может принести рекордные температуры. Жители Сардинии встревожены прогнозами о 48°C, что лишь немногим ниже общеевропейского рекорда (48,8°C, отмеченного во Флоридии, Сицилия, 11 августа 2021 года).

В Риме ожидаются рекордные 40-43°C. Наряду с людьми страдают и домашние животные: многие владельцы собак приводят своих четвероногих друзей на пляж, чтобы насладиться морским бризом и прохладной водой.

В некоторых районах Испании, например, в Малаге, даже темнота не приносит облегчения: в полночь температура воздуха может достигать 36°C. По данным

Государственного метеорологического агентства (AEMET), жара затронула во вторник более 36 млн. жителей в 13 из 17 регионов страны.

В Турции жара значительно осложняет борьбу с лесными пожарами, вспыхнувшими в провинции Мугла. Одна из деревень этого региона была эвакуирована во избежание человеческих жертв.

https://www.youtube.com/watch?v=nxrTi7sitcw

- О какой проблеме говорится в видео?
- Опускается ли температура ночью?
- Что жара вызвала в Турции?

Задание 6. Соедините.

1) волна жары
2) приближаться
3) осложнять
4) во избежание
5) вспыхивать
6) рекордные температуры

a. to complicate
b. to avoid
c. to flare
d. heat wave
e. record temperatures
f. to approach

Часть 1.2

Задание 7. Прослушайте и прочитайте словарь.

1. бушевать – roar, rave
2. лесной пожар - forest fire
3. выгореть - burn out
4. площадь - square
5. пламя - flame
6. удаваться – manage
7. под контроль - under control

8. Канарские острова - Canary islands
9. заявлять/заявить – to declare
10. сложности - difficulties
11. тушение - extinguishment
12. проводить/провести – to conduct
13. предосторожность - precaution
14. перемещать – to move
15. безопасное место - safe place
16. предупреждать/предупредить – to warn
17. загрязнение воздуха – air pollution
18. в ближайшее время – in the near future
19. пожарный - firefighter
20. штормовая погода – stormy weather
21. наводнение - flood

Задание 8. Послушайте запись. Впишите слова.

От огня к ……………..: в Германии тем временем прошли сильные ……………….., и в среду вечером в аэропорту Франкфурта из-за ………………. пришлось отменить десятки рейсов. Вода ………………. метрополитена, на видеозаписях видно, как она каскадом стекает по эскалаторам на платформы.

Задание 9. Послушайте фразы.

На Тенерифе бушует …

На Тенерифе бушует один из сильнейших лесных пожаров …

На Тенерифе бушует один из сильнейших лесных пожаров за всю историю острова.

В Германии тем временем …

В Германии тем временем прошли сильные дожди, …

В Германии тем временем прошли сильные дожди, и в среду вечером в аэропорту Франкфурта …

В Германии тем временем прошли сильные дожди, и в среду вечером в аэропорту Франкфурта из-за подтопа пришлось отменить …

В Германии тем временем прошли сильные дожди, и в среду вечером в аэропорту Франкфурта из-за подтопа пришлось отменить десятки рейсов.

Задание 10. Прослушайте однокоренные слова.

Гореть – выгореть, безопасность – безопасный, предупредить – предупреждение, загрязнение – загрязнять, тушить – тушение, отменить – отмена.

Задание 11. Посмотрите видео. Прочитайте статью. Ответьте на вопросы.

ЭКСТРЕМАЛЬНАЯ ПОГОДА В ЕС: ПОЖАРЫ НА КАНАРАХ И ЛИВНИ В ГЕРМАНИИ.

На Тенерифе бушует один из сильнейших лесных пожаров за всю историю острова - там уже выгорела площадь в 26 кв. км, и пламя не удается взять под контроль. Премьер-министр Канарских островов Фернандо Клавихо заявил о сложностях в работе по тушению.

"Операции, которые проводились в течение прошлой ночи, были очень сложны. Пожалуй, это самый сложный пожар на Канарских островах, если не за всю историю, то, по крайней мере, за последние 40 лет", - отметил он.

В целях предосторожности около 4 тысяч человек из шести населенных пунктов на северо-востоке острова перемещены в безопасное место. Оставшихся предупредили о загрязнении воздуха, в ближайшее время людям лучше не выходить. Сообщается, что в тушении огня заняты 350 пожарных и 17 спецсамолетов, мобилизованы солдаты.

От огня к ливням: в Германии тем временем прошли сильные дожди, и в среду вечером в аэропорту Франкфурта из-за подтопа пришлось отменить десятки рейсов. Вода достигла метрополитена, на видеозаписях видно, как она каскадом стекает по эскалаторам на платформы.

Штормовая погода вызвала наводнения и в других регионах, таких как Баден-Вюртемберг, Рейнланд-Пфальц и Тюрингия.

https://www.youtube.com/watch?v=JadpHmUhg_E

- Что случилось на Тенерифе?
- Какие меры предпринимают власти?
- Что случилось в Германии?

Задание 12. Соедините.

1) лесной пожар
2) тушение
3) предосторожность
4) загрязнение воздуха
5) штормовая погода
6) наводнение

a. Precaution
b. air pollution
c. stormy weather
d. forest fire
e. flood
f. extinguishment

Часть 1.3

Задание 13. Прослушайте и прочитайте словарь.

1. жертва - victim
2. возрасти - to increase
3. окончательный - final
4. спасатели - rescues
5. тело - body
6. идентификация - identification
7. числиться – to be listed
8. пропавший без вести – missing person
9. население - population
10. примерно - approximately
11. уничтожать – to destroy
12. огонь - fire
13. первоначальная оценка потери - initial loss estimate
14. застрахованное имущество - insured property
15. превышать/превысить – to exceed
16. указывать/указать – to indicate
17. возможная причина - possible reason
18. быстрое распространение пожара - rapid spread of fire
19. линии электропередачи - power lines
20. подвергаться/подвергнуться критике - o be criticized
21. предупреждение - warning
22. столб – post, pole
23. подать коллективный иск - file a class action lawsuit
24. требование - requirement
25. возложить ответственность за – hold liable for
26. гибель людей – loss of lifeidemic

Задание 14. Послушайте запись. Впишите слова.

Число ………………. лесных ………………. на Гавайском острове Мауи возросло до 106. Но, по словам губернатора, цифра эта не окончательная, ………………. продолжают находить все новые тела.

Процесс их ………………. уже начался. Но, как заявляют власти, будет очень сложным и долгим.

Задание 15. Послушайте фразы.

Число жертв …

Число жертв лесных пожаров …

Число жертв лесных пожаров на Гавайском острове Мауи …

Число жертв лесных пожаров на Гавайском острове Мауи возросло до 106.

Примерно 80% …

Примерно 80% города с населением …

Примерно 80% города с населением около 13 тыс. человек …

Примерно 80% города с населением около 13 тыс. человек было уничтожено огнём.

Компания подвергается критике …

Компания подвергается критике за то, что она не отключила …

Компания подвергается критике за то, что она не отключила электричество во время предупреждения о сильном ветре …

Компания подвергается критике за то, что она не отключила электричество во время предупреждения о сильном ветре и продолжала подавать его даже тогда, когда десятки столбов начали падать.

Задание 16. Прослушайте однокоренные слова.

Идентификация – идентифицировать, спасатель – спасать, населять – население, страховка – застраховать – застрахованный, падать - падение.

Задание 17. Посмотрите видео. Прочитайте статью. Ответьте на вопросы.

ГАВАЙИ: ЧИСЛО ЖЕРТВ ПОЖАРА РАСТЁТ, ОПОЗНАНИЕ ТЕЛ НЕВОЗМОЖНО БЕЗ ДНК.

Число жертв лесных пожаров на Гавайском острове Мауи возросло до 106. Но, по словам губернатора, цифра эта не окончательная, спасатели продолжают находить все новые тела.

Процесс их идентификации уже начался. Но, как заявляют власти, будет очень сложным и долгим.

Около 1300 человек числятся пропавшими без вести. Примерно 80% Лахайны, города с населением около 13 тыс. человек было уничтожено огнём.

Первоначальная оценка потери только застрахованного имущества превышает 3 млрд долларов. Тем временем появились кадры, которые указывают на возможную причину быстрого распространения пожара – упавшие линии электропередачи.

Компания Hawaiian Electric Co. подвергается критике за то, что она не отключила электричество во время предупреждения о сильном ветре и продолжала подавать его даже тогда, когда десятки столбов начали падать.

Уже подан коллективный иск с требованием возложить на компанию ответственность за гибель людей.

https://www.youtube.com/watch?v=j2nR3l4P7K4

- О каком природном бедствии говорится в видео?
- Знают ли власти острова точное количество жертв?
- Что известно о причинах пожара?

Задание 18. Соедините.

1) идентификация
2) спасатели
3) уничтожать
4) гибель людей
5) подать коллективный иск
6) быстрое распространение пожара

a. to destroy
b. loss of life
c. file a class action lawsuit
d. rapid spread of fire
e. Identification
f. rescues

Часть 1.4

Задание 19. Прослушайте и прочитайте словарь.

1. Парижское соглашение - Paris Agreement
2. снятие санкций - lifting sanctions
3. в преддверии - in anticipation
4. проводить экологическую модернизацию - carry out environmental modernization
5. обязательство - obligation
6. парниковые газы - greenhouse gases
7. грозить необратимыми последствиями - threaten irreversible consequences

Задание 20. Послушайте запись. Впишите слова.

"При ратификации Парижского ……………….. нужно ставить вопрос о том, чтобы снять ……………….. для наших предприятий для того, чтобы те доступные ………………..

средства, которыми располагают зарубежные финансовые институты и фонды, были доступны для наших предприятий – для того, чтобы они смогли проводить ту самую ……………….... модернизацию".

Задание 21. Послушайте фразы.

Ратификация Россией …

Ратификация Россией Парижского соглашения по климату …

Ратификация Россией Парижского соглашения по климату частично связана …

Ратификация Россией Парижского соглашения по климату частично связана со снятием санкций.

Парижское соглашение …

Парижское соглашение предусматривает …

Парижское соглашение предусматривает обязательства по сокращению выбросов …

Парижское соглашение предусматривает обязательства по сокращению выбросов в атмосферу парниковых газов.

Задание 22. Прослушайте однокоренные слова.

Соглашение – соглашаться, экология – экологический – эколог, модернизация – модернизировать, сокращать - сокращение.

Задание 23. Посмотрите видео. Прочитайте статью. Ответьте на вопросы.

РОССИЯ: КЛИМАТ И САНКЦИИ

Ратификация Россией Парижского соглашения по климату частично связана со снятием санкций. Об этом заявил Рашид Исмаилов – руководитель Рабочей группы по экологии Экспертного совета при Правительстве. Мнение российского эксперта прозвучало в преддверии ежегодной конференции ООН по климату, которая стартует в Бонне 6 ноября. Парижское соглашение Россия вместе с другими 194-мя странами подписала два года назад.

Рашид Исмаилов, эксперт: "При ратификации Парижского соглашения нужно ставить вопрос о том, чтобы снять санкции для наших предприятий для того, чтобы те доступные финансовые средства, которыми располагают зарубежные финансовые институты и фонды, были доступны для наших предприятий – для того, чтобы они смогли проводить ту самую экологическую модернизацию".

Парижское соглашение предусматривает обязательства по сокращению выбросов в атмосферу парниковых газов. Цель – не допустить повышения средней температуры на планете к 2100 году более чем на два градуса по Цельсию. Иначе, считают ученые, экологии грозят необратимые последствия.

https://ru.euronews.com/2017/10/30/russia-climat-sanctions-accord

- По какой причине ратификация Россией Парижского соглашения по климату частично связана со снятием санкций?
- Что предусматривает Парижское соглашение?

Задание 24. Соедините.

1) снятие санкций
2) в преддверии
3) экологическая модернизация
4) обязательство
5) парниковые газы
6) необратимые последствия

a. environmental modernization
b. greenhouse gases
c. lifting sanctions
d. in anticipation
e. rreversible consequences
f. obligation

Часть 1.5

Задание 25. Прослушайте и прочитайте словарь.

1. багажник - trunk
2. дождевик - raincoat
3. зонт - umbrella
4. циклон - cyclone
5. антициклон - anticyclone
6. вращать – rotate, turn
7. северное полушарие - north hemisphere
8. прохлада – cool weather
9. облачность - cloudy
10. прогрев - warming up
11. потепление - warming
12. ливень/ливни - shower/showers
13. тропический тайфун - tropical typhoon
14. континентальный климат - continental climate
15. вихрь - vortex
16. ненастье - bad weather

Задание 26. Послушайте запись. Впишите слова.

Объяснить природу этих ……………….. просто: планета круглая, вертится, ………………… неравномерно, где теплее, воздух поднимается, ………………….. падает, образуются ………………….. На …………………..воздух холодный опускается вниз. Вот вам высокое давление и …………………... Да и не только на нашем шарике.

Задание 27. Послушайте фразы.

Летом циклоны …

Летом циклоны приносят прохладу, …

Летом циклоны приносят прохладу, соответственно, потому что небо затянуто облачностью …

Летом циклоны приносят прохладу, соответственно, потому что небо затянуто облачностью и отсутствует солнечный прогрев.

Атмосферные вихри …

Атмосферные вихри с низким давлением …

Атмосферные вихри с низким давлением в центре …

Атмосферные вихри с низким давлением в центре приносят осадки.

Задание 28. Прослушайте однокоренные слова.

Циклон – антициклон, прохлада – прохладный, тропики – тропический, облако – облачность - облачный.

Задание 29. Посмотрите видео. Прочитайте статью. Ответьте на вопросы.

ЦИКЛОНЫ И АНТИЦИКЛОНЫ.

Что в багажнике у жителя Приморья?

- Сапоги резиновые. Дождевик раз, дождевик два, дождевик три. Зонтик большой, чтобы была сухая сумка, есть мешок.

Все из-за частых циклонов. Атмосферные вихри с низким давлением в центре приносят осадки.

- Берем и вращаем, вращаем, вращаем и вытащим палочку. И вот как раз видно вращение против часовой стрелки со сходимостью к центру чашки, циклон в северном полушарии.

- Красота!

Представьте то же самое, только диаметром в 1000 километров.

- Летом циклоны приносят прохладу, соответственно, потому что небо затянуто облачностью и отсутствует солнечный прогрев. А зимой они приносят потепление, потому что, как правило, несут с собой более теплую воздушную массу.

Тоже на северо-западе страны, где большие массы воздуха с теплой Атлантики часто приносят ливни. Куда страшнее циклоны, тропические тайфуны. Давление в центре ниже, скорость ветра выше, впоследствии больше. Им даже дают имена.

- В сентябре 20 года тайфун Майсак установил рекордный для Владивостока ветер. Порывы тогда составляли более 41 метра в секунду.

Но есть регионы с преимуществом антициклонов из-за резко континентального климата, погода чаще спокойная и безоблачная. Один из самых популярных товаров Бурятии - солнечные очки.

- Антициклон - это области повышенного давления. И вот благодаря как раз - таки антициклонам наблюдается большое количество солнечных дней. Например, в Улан-Удэ в среднем это 300 дней.

По количеству солнечных дней Улан-Удэ обходит даже Сочи. Правда, зимой лютый мороз, компенсация за летний зной. Такой, как на днях и на Алтае был.

- Машина вся прокалённая, пропечённая. Ребенок наш увидел фонтан, сразу залез в фонтан и все вытащить мы его никак оттуда не можем.

Объяснить природу этих явлений просто: планета круглая, вертится, нагревается неравномерно, где теплее, воздух поднимается, давление падает, образуются циклоны. На полюсах воздух холодный опускается вниз. Вот вам высокое давление и антициклоны. Да и не только на нашем шарике.

- На Юпитере большое красное пятно, которое по размерам сопоставимо с нашей планетой. Антициклонический вихрь.

А кто-то скажет у природы нет плохой погоды. Циклоны с их ненастьем не повод грустить. Вот какие фото прислали наши подписчики в соцсетях.

Дмитрий Кузьмин, Дмитрий Парфенов, Елена Савина и Татьяна Юсь. Первый канал.

https://www.1tv.ru/shows/dobroe-utro/mezhdu-tem/ciklony-i-anticiklony-dobroe-utro-fragment-vypuska-ot-02-08-2023

- Как защищаются от дождя жители Приморского края?
- Что такое циклоны и антициклоны?
- Что приносят летом циклоны? А зимой? Почему?
- Почему тайфуны опаснее обычных циклонов?

Задание 30. Соедините.

1) континентальный климат
2) вихрь
3) антициклон
4) ненастье
5) ливень
6) полушарие

a. vortex
b. shower
c. continental climate
d. bad weather
e. hemisphere
f. anticyclone

Глава 2.
ТЕРРОРИЗМ

Часть 2.1

Задание 1. Послушайте и прочитайте словарь.

1. теракт - terrorist attack
2. устроить теракт – to carry out a terrorist attack
3. в течение - during
4. усвоить урок - learn a lesson
5. террористическая атака - terrorist attack
6. происходить/произойти – to happen
7. нападение - attack
8. Израиль - Israel
9. убивать/убить – to kill
10. уроженец - native
11. Тунис - Tunisia
12. стрелять/застрелить - to shoot
13. лазейка - loophole
14. убежище - asylum
15. джихажист - jihadist
16. несмотря на - despite
17. список особо опасных лиц - list of especially dangerous persons

18. совершать/совершить преступление – to commit a crime
19. депортировать - deport
20. нарекание - complaint
21. в отношении - in a relationship
22. репатриация - repatriation
23. радикализация - radicalization
24. подвергаться/подвергнуться - to be subjected to
25. сотрудничество - cooperation
26. разведданные - intelligence
27. проверка - examination
28. граница - border
29. ускорять/ускорить – to speed up
30. возвращение нелегальных мигрантов - return of illegal migrants
31. немедленно - immediately
32. репатриант - repatriate
33. угроза безопасности - security threat
34. высылать/выслать - to send
35. сухопутная граница - land border
36. безвизовое перемещение - visa-free travel
37. расширение - extension
38. возражать/возразить - to object

Задание 2. Послушайте запись. Впишите слова.

Участники встречи в Люксембурге также разрабатывали меры по …………………... с онлайн-…………………..., которой подверглись оба исполнителя терактов минувшей недели в Евросоюзе. Министры обязались расширить …………………... своих организаций, наладить обмен разведданными между странами-членами ЕС и повысить эффективность проверок на …………………... границах. Главы МВД также хотят ускорить …………………... нелегальных мигрантов в страны происхождения или транзита, сделав такую меру обязательной, если эти люди представляют …………………... безопасности.

Задание 3. Послушайте фразы.

Евросоюз усиливает …

Евросоюз усиливает борьбу с радикализацией …

Евросоюз усиливает борьбу с радикализацией в Интернете.

Из-за повышения …

Из-за повышения террористической опасности …

Из-за повышения террористической опасности Италия и Словения объявили о введении контроля …

Из-за повышения террористической опасности Италия и Словения объявили о введении контроля на своих сухопутных границах.

Задание 4. Послушайте однокоренные слова.

Сила – усилить – сильный, нападать – нападение – нападающий, депортация – депортировать, возвращать – возвращение, исключение - исключать.

Задание 5. Посмотрите видео. Прочитайте статью.

МИНИСТРЫ ВНУТРЕННИХ ДЕЛ ЕВРОСОЮЗА ИЗВЛЕКАЮТ УРОКИ ИЗ НЕДАВНИХ ТЕРАКТОВ.

Евросоюз усиливает борьбу с радикализацией в Интернете. Ей подверглись два джихадиста, устроивших теракты в течение недели во Франции и Бельгии.

Министры внутренних дел стран Евросоюза обсудили уроки, которые ЕС должен усвоить после двух террористических атак, произошедших в Европе всего за одну неделю.

Вскоре после нападения ХАМАС на Израиль во французском городе Аррас чеченский исламист Мохаммед Могушков убил в школе учителя. А в понедельник уроженец Туниса застрелил двух шведских футбольных болельщиков в Брюсселе. Этот джихадист, Абдессалем Лассуед, использовал лазейки в Дублинской системе предоставления убежища. Он жил в Бельгии нелегально, несмотря на то, что был хорошо известен властям, хотя и не фигурировал в полицейском списке особо опасных лиц.

Министр юстиции Швеции Гуннар Стреммер:

«Парень, который совершил преступления террора в Бельгии в понедельник вечером, был депортирован из Швеции в 2010 году по дублинским правилам. С тех пор он смог появляться в разных странах Союза. Это также добавляет нареканий в отношении Дублинской системы, пограничного контроля, практики репатриации тех, кому в защите отказано, и обмена информацией между нашими странами-членами».

Участники встречи в Люксембурге также разрабатывали меры по борьбе с онлайн-радикализацией, которой подверглись оба исполнителя терактов минувшей недели в Евросоюзе. Министры обязались расширить сотрудничество своих организаций, наладить обмен разведданными между странами-членами ЕС и повысить эффективность проверок на внешних границах. Главы МВД также хотят ускорить возвращение нелегальных мигрантов в страны происхождения или транзита, сделав такую меру обязательной, если эти люди представляют угрозу безопасности.

Еврокомиссар по внутренним делам Ильва Юханссон:

«Мы многое сделали, уже в этом году мы наблюдаем увеличение числа репатриантов на 20%, так что сегодня мы действительно возвращаем на родину больше людей. Но еще многое предстоит сделать. Для меня особенно важно, чтобы те, кто представляет угрозу безопасности наших граждан и Евросоюза, были немедленно высланы обратно».

Из-за повышения террористической опасности Италия и Словения объявили о введении контроля на своих сухопутных границах. Это добавляет число исключений из Шенгенского соглашения о безвизовом перемещении. Несмотря на это, председатель Евросовета Испания объявила, что в декабре Румынии и Болгарии может быть дан зеленый свет на вступление в Шенген. До последнего времени против расширения зоны возражала Австрия.

https://ru.euronews.com/my-europe/2023/10/19/eu-home-affairs-meeting

- В каких странах были совершены теракты?
- Над чем работают участники встречи в Люксембурге?
- Почему власти Италии и Словении объявили о введении контроля на своих сухопутных границах?

Задание 6. Соедините.

1) усвоить урок
2) убежище
3) лазейка
4) разведданные
5) граница
6) угроза безопасности

a. asylum
b. learn a lesson
c. intelligence
d. security threat
e. loophole
f. border

Часть 2.2

Задание 7. Прослушайте и прочитайте словарь.

1. чудовищная трагедия - monstrous tragedy
2. погибнуть - die
3. пострадать - get injured
4. Вооруженная группа преступников - armed group of criminals
5. ворваться в здание - break into a building
6. расстреливать в упор - shoot at point blank range
7. коктейль Молотова - Molotov cocktail
8. пожар - fire
9. пламя - flame

10. тушить огонь - put out the fire
11. оперативные службы - operational services
12. следователь - investigator
13. криминалист - criminologist
14. в усиленном режиме - in enhanced mode
15. хронология - chronology
16. очевидцы - eyewitnesses
17. камуфляжная форма - camouflage uniform
18. проникнуть в здание - break into the building
19. расстрелять - shoot
20. врываться - break in
21. взрывпакет - explosion package
22. спасательный выход - escape route
23. забаррикадироваться - barricade yourself
24. подсобные и подвальные помещения - utility rooms and basements
25. гидранты - hydrants
26. эстакада - overpass
27. карета скорой помощи - ambulance
28. пожарные расчёты - fire crews
29. спецподразделения ОМОН и СОБР - special forces OMON and OMSN
30. МКАД - Moscow Ring Road
31. в тяжёлом состоянии - in serious condition
32. с огнестрельными ранениями, порезами от стекол и отравлением угарным газом - with gunshot wounds, cuts from glass and carbon monoxide poisoning
33. хирурги, анестезиологи, травматологии, ортопеды, сосудистые хирурги - surgeons, anesthesiologists, traumatologists, orthopedists, vascular surgeons
34. заминированный автомобиль - car bomb
35. бронежилеты - body armor
36. магазины с патронами - magazines with cartridges
37. баллистическая и дактилоскопическая экспертиза - ballistic and fingerprint examination
38. Следственный комитет возбудил уголовное дело - The Investigative Committee opened a criminal case

Задание 8. Послушайте запись. Впишите слова.

Эти кадры, снятые ………………. теракта в Крокус Сити Холле: неизвестные в ………………. форме, примерно пять человек, проникнув в здание, сначала ………………. охранников на входе, затем врываются в концертный зал, где собрались тысячи зрителей - поклонников группы «Пикник». Террористы бросают несколько ………………., затем открывают ………………. по людям. Началась паника и давка. Одни бросились к спасательным выходам, другие пытались ………………., не понимая, что ………………. уже внутри.

Задание 9. Послушайте фразы.

Вооруженная группа …

Вооруженная группа преступников ворвалась …

Вооруженная группа преступников ворвалась в здание.

Террористы бросают …

Террористы бросают несколько взрывпакетов, …

Террористы бросают несколько взрывпакетов, затем открывают огонь …

Террористы бросают несколько взрывпакетов, затем открывают огонь по людям.

К этому моменту …

К этому моменту на место уже были стянуты …

К этому моменту на место уже были стянуты все оперативные службы, …

К этому моменту на место уже были стянуты все оперативные службы, десятки карет скорой помощи, …

К этому моменту на место уже были стянуты все оперативные службы, десятки карет скорой помощи, пожарные расчеты и спецподразделения …

К этому моменту на место уже были стянуты все оперативные службы, десятки карет скорой помощи, пожарные расчеты и спецподразделения ОМОН и СОБР.

Задание 10. Прослушайте однокоренные слова.

Погибший – погибнуть, следовать – расследовать – следователь – следственный, взрыв – взрывать – взрывчатый, эксперт – экспертиза.

Задание 11. Посмотрите видео. Прочитайте статью. Ответьте на вопросы.

ТЕРАКТ В CROCUS CITY HALL: ХРОНИКА СОБЫТИЙ.

Чудовищная трагедия и одна общая боль на всех. По последним данным, свыше 60 человек погибли, больше 130 пострадали в страшном теракте, который произошел поздно вечером в Крокус Сити Холле. Вооруженная группа преступников ворвалась в здание. Они начали в упор расстреливать всех, кто попадался на пути. Пришли в зал, стреляли по зрителям. Люди собрались на концерт популярной рок группы. Все билеты были проданы, то есть там могло находиться несколько тысяч человек. Зал вмещает шесть. Затем боевики кинули, предположительно, коктейль Молотова. Начался пожар. Очень быстро пламя охватило полностью всё здание. В итоге горело 13 000 квадратных метров. Тушили, в том числе вертолеты. На месте все оперативные службы столичного региона, а также следователи, криминалисты. Медики работают в усиленном режиме. Спасают тех, кого всю ночь доставляли в больницы. Есть пациенты в тяжелом и крайне тяжелом состоянии. Наш корреспондент Евгений Голованов работал на месте трагедии всю ночь. Хронология событий в его репортаже. Кадры, которые снимали очевидцы внутри. Смотреть очень тяжело по этическим соображениям мы покажем не все.

Эти кадры, снятые очевидцами теракта в Крокус Сити Холле: неизвестные в камуфляжной форме, примерно пять человек, проникнув в здание, сначала расстреливают охранников на входе, затем врываются в концертный зал, где собрались тысячи зрителей - поклонников группы «Пикник». Террористы бросают несколько взрывпакетов, затем открывают огонь по людям. Началась паника и давка. Одни бросились к спасительным выходам, другие пытались забаррикадировался, не понимая, что террористы уже внутри.

- Двери! Двери закрывайте! Двери закрывайте!

Те, кто не смог сразу выбраться из здания, укрылись в подсобных и подвальных помещениях. Другие пытались спастись на крыше.

- Умудрились сбежать в подсобное помещение по указателям выхода. Охранник пропустил нас в бойлерную, где содержится вода, либо пожарные резервуары. Там где-то порядка 50 человек в задымлении находились около 25-30 минут. Спасались гидрантами, которые там работали, мочили одежду, прикладывали к лицу.

- Мы выбегали где-то по подвалам, тоннели какие-то есть служебные, я так понимаю. И большая часть шла туда. Вышли мы где-то с той стороны, с торца, за вот этой эстакадой. Большое количество людей начали выдвигаться сюда. А стрельба еще происходила.

- Мама быстрее. Давай, давай!

Спустя некоторое время в Крокусе вспыхнул пожар. К этому моменту на место уже были стянуты все оперативные службы, десятки карет скорой помощи, пожарные расчеты и спецподразделения ОМОН и СОБР. Раненых и пострадавших вывозили и санитарной авиацией. Машины через пробки, образовавшиеся на МКАДе, пробивались с трудом. В общей сложности в больницы Москвы и области госпитализировали больше 100 человек.

Среди них и дети. Многие в тяжелом состоянии, с огнестрельными ранениями, порезами от стекол и отравлением угарным газом.

- Сейчас находятся в стационарных учреждениях 115 пациентов, из них пятеро детей. Один ребенок в тяжелом состоянии. Из 110 взрослых 60% находятся в тяжелом состоянии. Привлечены ведущие специалисты страны: хирурги, анестезиологи, травматологии, ортопеды, сосудистые хирурги.

Многим пострадавшим, пережившим это нападение, потребуется не только медицинская, но и психологическая помощь.

- Они там стояли, у выхода шли, они нас видели. Кто-то из них обратно забежал и начал стрелять по людям. Я упала на пол и сделала вид, что мёртвая. А девушку рядом со мной убили.

Пожарные боролись с огнем всю ночь, когда обрушилась кровля. А к тушению подключили и авиацию. Вертолеты, проливая крышу с подвесных устройств, барражировали непрерывно, лишь иногда уходя на дозаправку.

- Ближе к двум часам ночи открытое горение кровли и верхнего этажа Крокус Сити Холла удалось сбить. В МЧС заявили о локализации пожара, в общей сложности площадь которого составила больше 13 000 квадратных метров. Тем не менее, пожарная авиация продолжает работать, сбрасывая на очаг тонны воды. Но внутри все еще сохраняется сильное задымление, из-за чего и бойцы СОБРа были вынуждены покинуть здание.

Саперы Росгвардии вместе с кинологами параллельно обследовали парковку у здания. Террористы могли оставить здесь заминированный автомобиль, но взрывных устройств не обнаружили. Сейчас к работе уже приступили эксперты криминалисты. Изъято оружие, из которого террористы вели огонь по людям, бронежилеты и несколько магазинов с патронами. Их отправят на баллистическую и дактилоскопическую экспертизу. Следственный комитет возбудил уголовное дело по статье «теракт».

- Следователи Следственного Комитета, криминалисты, эксперты совместно с оперативными службами ФСБ и МВД России в настоящее время изымают, поднимают тела погибших. К сожалению, мы должны сказать, что количество погибших в результате террористического акта увеличивается. На данный момент мы уже можем говорить о более, чем 60 погибших.

Но, вероятнее всего, это не окончательная цифра. Разбор завалов в сгоревшем Крокус Сити Холле продолжается. Под ними еще могут находиться тела погибших. О судьбе самих нападавших пока информации нет.

https://www.ntv.ru/video/2318935

- Как действовали террористы?
- Какие меры были предприняты людьми, чтобы спастись?
- Что предприняли власти для спасения людей?
- Какие службы были задействованы для спасения зрителей концерта?
- Что необходимо делать, чтобы избежать таких терактов в будущем?

Задание 12. Соедините.

1) пострадать
2) криминалист
3) взрывпакет
4) в тяжёлом состоянии
5) с огнестрельными ранениями
6) дактилоскопическая экспертиза

a. in serious condition
b. explosion package
c. get injured
d. criminologist
e. fingerprint examination
f. with gunshot wounds

Глава 3. ЭКОЛОГИЯ В РОССИИ

Часть 3.1

Задание 1. Послушайте и прочитайте словарь.

1. автомобилист - motorist
2. привыкать/привыкнуть - to get used to
3. водитель - driver
4. отказаться – to refuse
5. сравнивать/сравнить – to compare/compare
6. маршрут - route
7. навигатор - navigator
8. общественный транспорт - public transport
9. застрять в пробке – to be stuck in traffic
10. суммарно - total
11. пересадка - transfer
12. остановка - stop
13. самокат - scooter
14. спрос - demand
15. прокат - rental
16. продолжительность - duration
17. деловая встреча - a business meeting

18. концентрация - concentration

19. угарный газ - carbon monoxide

20. среднесуточный - daily average

21. дышать – to breathe

22. циркуляция - circulation

23. совмещать -to combine

Задание 2. Послушайте запись. Впишите слова.

Мы опросили 30 ………………, половина не представляет свой день без автомобиля. И только трое готовы ………………….. от машины на один день. А мы сравним: у нас один ………………….. от Сокольников до Телецентра. Добираться будем двумя способами: на машине ………………….. показывает 26 минут. Едем, считаем плюсы.

Задание 3. Послушайте фразы.

Когда человек дышит …

Когда человек дышит повышенными концентрация угарного газа, …

Когда человек дышит повышенными концентрация угарного газа, возникает головная боль, …

Когда человек дышит повышенными концентрация угарного газа, возникает головная боль, плохое самочувствие.

Совет от экологов …

Совет от экологов - закрыть окна …

Совет от экологов - закрыть окна и включить рециркуляцию воздуха.

22 сентября Всемирный день …

22 сентября Всемирный день без автомобиля придумали …

22 сентября Всемирный день без автомобиля придумали из экономических и экологических соображений …

22 сентября Всемирный день без автомобиля придумали из экономических и экологических соображений в 70-х годах прошлого века, идею поддержали …

22 сентября Всемирный день без автомобиля придумали из экономических и экологических соображений в 70-х годах прошлого века, идею поддержали полторы тысячи городов во всем мире.

Задание 4. Послушайте однокоренные слова.

Авто-автомобиль-автомобилист, привычка – привыкать, парковка – парковаться – парковочный, стоять – стоянка, ездить – поездка.

Задание 5. Посмотрите видео. Прочитайте статью.

ДЕНЬ БЕЗ АВТОМОБИЛЯ: КАК?

Почти 40 миллионов автомобилистов. Кто-нибудь готов отказаться от машины?

- Вообще? Нет, конечно.

- Отказаться невозможно просто от этого.

- Привыкаешь к этому. Я, наверное, лет семь не спускался в метро уже.

Мы опросили 30 водителей, половина не представляет свой день без автомобиля. И только трое готовы отказаться от машины на один день. А мы сравним: у нас один маршрут от Сокольников до Телецентра. Добираться будем двумя способами: на машине навигатор показывает 26 минут. Едем, считаем плюсы.

- Ну, удобно, комфортно.

- Я же не понесу это все в руках и в общественном транспорте.

- Полчаса на машине, на общественном транспорте суммарно получается минимум полтора часа.

В идеале не застрять в пробке, легко найти парковочное место.

- Места нет. Еще один круг.

Можно встать подальше и пешком. В итоге на все 35 минут. Теперь тот же маршрут, но на общественном транспорте.

- От Сокольников до ВДНХ 22 минуты с одной пересадкой. От метро на электробусе. Ждем на остановке. Хорошо, нет дождя и снега. И есть плюсы.

- Я слушаю музыку, читаю.

- Мы в окошки смотрим, в игры играем: в слова, в города.

- Поработать чуть-чуть, может быть, что-то там доделать, ответить на сообщение.

40 минут и мы на месте по времени почти так же, как на машине.

- Кстати, можно было не ждать электробуса, а пойти пешком. Это 2,5 километра. Но это еще 30 минут и еще дольше.

Какие еще варианты? Велосипед или самокат? Спрос на них в прокатах растет.

- В прошлом году только в Москве пользователи только нашего сервиса совершили поездок общей продолжительностью более 33 миллионов километров. Получается, что порядка 3000 раз можно проехать вокруг Земли.

Автомобилист Иван из тех, кто все чаще обходится без машины.

- Если мне нужно из офиса доехать до соседней станции метро, либо куда-то там в кафе или какая-то деловая встреча, то я с большей долей вероятности, конечно, машину не будут забирать со стоянки и ехать. Я возьму самокат.

22 сентября Всемирный день без автомобиля придумали из экономических и экологических соображений в 70-х годах прошлого века, идею поддержали полторы тысячи городов во всем мире.

Еще один эксперимент с экологом Иваном Калининым. Сравним воздух в салоне автомобиля. Едем по свободной трассе.

- Мы наблюдаем концентрацию угарного газа, который составляет 1,43 миллиграмма на метр кубический при норме среднесуточной три миллиграмма.

- А вот шесть баллов и уже четыре миллиграмма угарного газа.

- Когда человек дышит повышенными концентрация угарного газа, возникает головная боль, плохое самочувствие.

Совет от экологов - закрыть окна и включить рециркуляцию воздуха. Кстати, каждый второй из опрошенных в течение дня готов совмещать автомобиль с другими видами транспорта.

https://www.1tv.ru/shows/dobroe-utro/mezhdu-tem/den-bez-avtomobilya-kak-dobroe-utro-fragment-vypuska-ot-22-09-2023

- Как Вы думаете, почему большинство автомобилистов не готовы отказаться от автомобиля?
- Чем удобен самокат?
- Насколько чистый воздух в салоне автомобиля?

Задание 6. Соедините.

1) водитель
2) маршрут
3) самокат
4) угарный газ
5) дышать
6) привыкать/привыкнуть

a. driver
b. to breathe
c. route
d. carbon monoxide
e. to get used to
f. scooter

Глава 4.
ИНФОРМАЦИЯ И МЕДИА

Часть 4.1

Задание 1. Послушайте и прочитайте словарь.

1. окунаться/окунуться – immerse, plunge
2. грамотность - literacy
3. боксёрский поединок - boxing match
4. выбить из равновесия - throw off balance
5. купец - merchant
6. на протяжении - throughout
7. распространение информации - distribution of information
8. орудие манипуляции - instrument of manipulation
9. просмотр - view
10. медиарынок - media market
11. затеряться – to get lost
12. с ног на голову - upside down

Задание 2. Послушайте запись. Впишите слова.

С древнейших времен передача информации была важным ………………….. в руках разных людей. Купцы на базарах и религиозные лидеры были основным источником информации на ………………….. тысячелетий. Тогда у правителей были свои техники ………………….. информации и управления народом. Изобретение книгопечатной машинки в 15 веке Иоганном Гуттенбергом, индустриализация в 19 и 20 веках, дальнейшее создание и развитие радио и телевидения и, в конечном итоге, интернета - ………………….. новой системы, где важной частью управления является ………………….. и СМИ.

Задание 3. Послушайте фразы.

СМИ — это великолепный инструмент …

СМИ — это великолепный инструмент получения информации …

СМИ — это великолепный инструмент получения информации и в то же время …

СМИ — это великолепный инструмент получения информации и в то же время орудие манипуляции.

Медиарынок …

Медиарынок перевернут …

Медиарынок перевернут с ног на голову.

Каждому из нас сегодня …

Каждому из нас сегодня нужно знать основы …

Каждому из нас сегодня нужно знать основы медиа грамотности, …

Каждому из нас сегодня нужно знать основы медиа грамотности, чтобы не затеряться …

Каждому из нас сегодня нужно знать основы медиа грамотности, чтобы не затеряться в большом современном потоке информации.

Задание 4. Послушайте однокоренные слова.

Грамота-грамотный-грамотность, передача-передавать, распространять – распространение – распространённый, создавать – создание, участвовать - участие.

Задание 5. Посмотрите видео. Прочитайте статью.

ИНФОРМАЦИЯ И МЕДИА.

Салам, Макс! Как твои дела? Окунёмся в мир медиа грамотности. Да, Макс по ту сторону экрана тоже хотят узнать. Друзья, медиа сфера на сегодня это как боксерский поединок, где каждый пытается выбить друг друга из равновесия. С древнейших времен передача информации была важным инструментом в руках разных людей. Купцы на базарах и религиозные лидеры были основным источником информации на протяжении тысячелетий. Тогда у правителей были свои техники распространения информации и управления народом. Однако основным источником власти был военный аппарат и жесткая сила. Изобретение книгопечатной машинки в 15 веке Иоганном Гуттенбергом, индустриализация в 19 и 20 веках, дальнейшее создание и развитие радио и телевидения и, в конечном итоге, интернета - фундамент новой системы, где важной частью управления является медиа и СМИ. СМИ — это великолепный инструмент получения информации и в то же время орудие манипуляции. Поэтому сегодня мы можем прочитать рецепт в Инстаграме либо собрать стол после просмотра ролика на YouTube. И в то же время нам стоит проверять информацию и подходить к каждой новости критически. Макс, принеси, пожалуйста, газету, радио и телевизор. Отлично. Друзья — это традиционные источники информации. Ноутбук и телефон сегодня - новые источники информации, связанные с

Интернетом. Большая их часть — это социальные сети. Медиарынок перевернут с ног на голову. Почти все из нас участвуют в формировании контента, поэтому каждому из нас сегодня нужно знать основы медиа грамотности, чтобы не затеряться в большом современном потоке информации. А ты считаешь себя медиа грамотным?

https://www.youtube.com/watch?v=_z1g660ZBrw

- Почему в видео сравнивают медиа сферу с боксерским поединком?
- Почему передача информации всегда была важна для общества?
- СМИ — это великолепный инструмент получения информации или орудие манипуляции?

Задание 6. Соедините.

1) грамотность
2) выбить из равновесия
3) распространение информации
4) с ног на голову
5) медиарынок
6) просмотр

a. distribution of information
b. media market
c. literacy
d. upside down
e. throw off balance
f. view

Часть 4.2

Задание 7. Прослушайте и прочитайте словарь.

1. информационный бум - information boom
2. польза - benefit
3. публиковать/опубликовать – to publish
4. медиапространство - media space
5. противоречивая точка зрения - controversial point of view
6. анализировать/проанализировать – to analyze
7. оценивать/оценить – to evaluate
8. ввести в заблуждение – to mislead

9. принять решение - make a decision
10. опираться на данные – to rely on data
11. разоблачение - exposure
12. источник - source
13. уточнять/уточнить – to clarify
14. приводить аргументы – to give arguments
15. тревожный - disturbing
16. сомнительная ссылка - questionable link
17. поток - flow
18. приоритизировать – to prioritize
19. развлекательный контент - entertainment content
20. эмоциональное воздействие - emotional impact
21. владеть – to own

Задание 8. Послушайте запись. Впишите слова.

Мы живем в век настоящего ……………….. бума. Мир ……………….. информацией. Мы регулярно ищем контент в интернете по актуальным для нас темам, и многие из нас регулярно создают свой ……………….. контент, публикуя посты в своих социальных ……………….. и ……………….. выражая свое мнение по тому или иному вопросу.

Задание 9. Послушайте фразы.

Медиа грамотность — это навыки и умения, …

Медиа грамотность — это навыки и умения, которые позволяют человеку анализировать, …

Медиа грамотность — это навыки и умения, которые позволяют человеку анализировать, оценивать и критически относиться к информации, проверять факты, а также создавать корректный медиа контент …

Медиа грамотность — это навыки и умения, которые позволяют человеку анализировать, оценивать и критически относиться к информации, проверять факты, а также создавать корректный медиа контент самостоятельно для разных каналов коммуникаций.

Реальные новости …

Реальные новости описывают факты …

Реальные новости описывают факты и приводят аргументы.

Прежде чем делать репост …

Прежде чем делать репост в социальных сетях …

Прежде чем делать репост в социальных сетях или пересылать информацию кому-либо, …

Прежде чем делать репост в социальных сетях или пересылать информацию кому-либо, проверяйте ее на правдивость.

Задание 10. Прослушайте однокоренные слова.

Противоречие – противоречить – противоречивый, заблуждение – заблуждаться, тревога – тревожиться – тревожный, приоритет – приоритизация - приоритизировать - приоритетный.

Задание 11. Посмотрите видео. Прочитайте статью. Ответьте на вопросы.

МЕДИАГРАМОТНОСТЬ. КАК СПРАВЛЯТЬСЯ С ИНФОРМАЦИОННЫМ БУМОМ?

Говорит Академия Росатома. Так звучит бесконечное развитие.

Всем привет. С вами Академия Росатома и я, Екатерина Илащук. Сегодня мы узнаем, что такое медиа грамотность, как справляться с информационным бумом и потреблять информацию с пользой.

Мы живем в век настоящего информационного бума. Мир переполнен информацией. Мы регулярно ищем контент в интернете по актуальным для нас темам, и многие из нас регулярно создают свой медиа контент, публикуя посты в своих социальных сетях и публично выражая свое мнение по тому или иному вопросу.

Начиная интересоваться той или иной темой в медиапространстве, как правило, можно встретить много противоречивых точек зрения. Сегодня мы разберемся, как быть медиа грамотными и потреблять информацию с пользой.

Медиа грамотность — это навыки и умения, которые позволяют человеку анализировать, оценивать и критически относиться к информации, проверять факты, а также создавать корректный медиа контент самостоятельно для разных каналов коммуникаций. И вот пять правил, которые помогут вам быть медиа грамотными в современном мире.

Правило первое - избирательность. Когда видите какую-то новость, всегда ищите и проверяйте первоисточник. С одной стороны, нам легко поверить, когда мы слышим, что чей-то знакомый, коллега или родственник что-то видел или сказал. С другой стороны, такая информация еще не является фактом. Поэтому, чтобы вас не ввели в заблуждение, всегда ищите первоисточник и проверяйте его надежность. Например, если вы читаете новость на сайте, посмотрите информацию о самом сайте, чтобы узнать больше и принять решение, готовы ли вы опираться на полученные данные.

Правило два. Разоблачение фейков. Когда вы видите новость в интернете, обращайте внимание, указан ли источник информации, какой именно. Даже если новость вы читаете у близких вам людей, помните, их тоже могли ввести в заблуждение или они могли стать жертвой мошенников. Взлом страниц в социальных сетях не редкость в современном мире.

Поэтому какую-то информацию всегда можно уточнить лично у ваших друзей или знакомых, не через социальную сеть. Сравните, что о событии пишут разные ресурсы. Это позволит посмотреть на ситуацию с разных сторон и сформировать свою точку зрения. Критически оцените содержание сообщения. Реальные новости описывают факты и приводят аргументы. Фейки, как правило, воздействуют на эмоции и ассоциативные связи. Проверяйте фотографии по поиску. Фейки могут быть проиллюстрированы снимками, которые вообще не имеют отношения к событию, о котором идет речь.

Правило три. Безопасность. Будьте внимательны! Всегда задумываетесь, кого и зачем вы добавляете в друзья в социальных сетях, знаете ли вы этого человека лично или у вас только общие знакомые, активны ли у него страницы и какого толка там публикации, что публикуете в социальных сетях и какие могут быть риски. Не переходите по ссылкам от неизвестных людей, даже если сообщение содержит тревожную информацию и вас просят перейти срочно. Сделайте паузу и подумайте, как вы можете проверить сообщения, не переходя по сомнительным ссылкам.

Не меняйте настройки ваших ресурсов по чьей-то просьбе. Никому не сообщайте никакие пароли и смс подтверждения. Настроить двойную аутентификацию ко всем почтам и социальным сетям.

Правило четыре. Управление инфопотоками. Выбирайте каналы информации под свои задачи, лимитируйте время, которое вы тратите на прочтение новостной ленты, образовательных каналов и других источников. Приоритизируйте, по какой теме вы хотите в настоящий момент получать новости. Помните, что век информации невозможно качественно прочитать все, что приходит к нам из разных источников. Где наше внимание, там и наша энергия. Поэтому потоками информации важно управлять, как и другими задачами.

Правило пять. Создавайте сами корректный контент, планируя опубликовать какой-то пост, четко определитесь с задачей вашей публикации, даже если это просто развлекательный контент: зачем пишите, каких действий ждете от ваших адресатов. При необходимости ссылаетесь на первоисточник. Указывайте конкретные данные, приводите примеры, в которых вы уверены на 100%. Старайтесь не публиковать контент под эмоциональным воздействием. Прежде чем делать репост в социальных сетях или пересылать информацию кому-либо, проверяйте ее на правдивость. Призываем также помнить про правила поведения в социальных сетях.

Информационных потоков нашей жизни с каждым днем будет становиться только больше. Тот, кто владеет информацией, как известно, управляет ситуацией. И наша задача научиться быть медиа грамотными, соблюдая правила, о которых я рассказала выше. С вами была Академия Росатома и я, Екатерина Илащук.

https://www.youtube.com/watch?v=EcxiEKbUILI

- Что такое медиа грамотность?
- Каких правил нужно придерживаться, когда Вы создаёте медиа контент?
- Как быть медиа грамотным? Назовите пять основных правил.

Задание 12. Соедините.

1) медиапространство
2) противоречивая точка зрения
3) ввести заблуждение
4) опираться на данные
5) поток
6) эмоциональное воздействие

a. mislead
b. flow
c. controversial point of view
d. emotional impact
e. rely on data
f. media space

Часть 4.3

Задание 13. Прослушайте и прочитайте словарь.

1. заклятый друг – frienemy, a love-hate relationship
2. оправдывать/оправдать себя – to justify oneself
3. безвредный способ - harmless way
4. поглощать/поглотить – to absorb
5. мысли - thoughts
6. мыслительная активность - mental activity

7. впитывать – to absorb
8. образ - image
9. впечатлительность - impressionability
10. сродни - like, similar
11. гипноз - hypnosis
12. мощное средство - powerful remedy
13. манипуляция - manipulation
14. психологическое поведение - psychological behavior
15. помимо воли - against will
16. воспринимать - perceive
17. схожий - similar
18. электромагнитные волны - electromagnetic waves
19. полудрёма - half asleep
20. ожирение - obesity
21. эпидемия - epidemic
22. обмен веществ - metabolism
23. скорость - speed
24. безделье - idleness
25. компьютерная томография мозга - computed tomography of the brain
26. теменная и височная доли - parietal and temporal lobes
27. восприятие зрительных образов - perception of visual images
28. критическое восприятие - critical perception
29. нравственность - morality
30. творчество - creativity
31. воображение - imagination
32. бездействовать - do nothing
33. атрофироваться - atrophy

Задание 14. Послушайте запись. Впишите слова.

В 1992 году американские исследователи, обеспокоенные эпидемией …………………... среди детей, обследовали 31 девочку с нормальным и избыточным весом. Во время эксперимента девочек просили устроиться поудобнее и …………………... Через определенное время включался …………………..., показывали популярный фильм «Чудесные годы». Целью эксперимента было выяснить, как изменяется …………………... обмена веществ в состоянии покоя. Поэтому был сделан замер так называемого основного обмена …………………... в состоянии полного безделья во время 25 минутного просмотра ТВ и после него. Никто и представить себе не мог, насколько резко …………………... скорость обмена веществ сразу после включения телевизора.

Задание 15. Послушайте фразы.

Чем дольше ваше внимание …

Чем дольше ваше внимание поглощено телеэкраном, …

Чем дольше ваше внимание поглощено телеэкраном, тем меньше возникает у вас собственных мыслей, …

Чем дольше ваше внимание поглощено телеэкраном, тем меньше возникает у вас собственных мыслей, тем ниже ваша мыслительная активность.

Для очень многих людей …

Для очень многих людей телевизор стал тем заклятым другом, …

Для очень многих людей телевизор стал тем заклятым другом, который пожирает большую часть их энергии …

Для очень многих людей телевизор стал тем заклятым другом, который пожирает большую часть их энергии и свободного времени.

Во время просмотра телевидения участки мозга, …

Во время просмотра телевидения участки мозга, отвечающие за анализ, …

Во время просмотра телевидения участки мозга, отвечающие за анализ, критическое восприятие, нравственность, творчество, …

Во время просмотра телевидения участки мозга, отвечающие за анализ, критическое восприятие, нравственность, творчество, воображение и многое другое бездействуют.

Задание 16. Прослушайте однокоренные слова.

Правда – оправдать, активность – активный, впечатление – впечатлить – впечатлительный, восприятие – воспринимать – восприимчивый, творчество – творить - творческий.

Задание 17. Посмотрите видео. Прочитайте статью. Ответьте на вопросы.

КАК ТЕЛЕВИЗОР ИЗМЕНЯЕТ НАШУ ЖИЗНЬ

Для очень многих людей телевизор стал тем заклятым другом, который пожирает большую часть их энергии и свободного времени. Можно, конечно, оправдывать себя, говорить, что телевидение дает возможность отдохнуть, расслабиться, развлечься; что это самый простой и безвредный способ проводить свободное время. Но давайте разберемся, такой ли уж он безвредный. Чем дольше ваше внимание поглощено телеэкраном, тем меньше возникает у вас собственных мыслей, тем ниже ваша мыслительная активность. Если вы долго смотрите сериалы, шоу, рекламу, то собственных мыслей почти не возникает. Вы не думайте, что это расслабление и отдых.

Несмотря на то, что ваш ум не генерирует собственных мыслей, он вовлечен в мыслительную активность телевизионного зрелища. Он непрерывно впитывает мысли и образы, исходящие из телеэкрана. При этом он переходит в пассивное состояние повышенной впечатлительности, которая сродни гипнозу. Вот что делает телевидение мощным средством манипуляции сознанием.

- Какого цвета два шара перед вами?

- Сейчас Вы кому?

- Я Вам, Кирилл, простите, не назвал Вас по имени.

- Сейчас черного.

- Да, хорошо.

- Возьмите, пожалуйста, в руки максимально быстро любой черный шар.

Зомбирование — это вкладывание определенной программы психологического поведения, моторного поведения. То есть это поведение человека, это закладывается помимо его воли за вкладывание каких-то вещей. То, как он будет воспринимать мир, только то, что он будет слышать, и то, как он будет действовать.

- Как в человека, можно помимо его воли что-либо заложить?

- Запросто. Очень легко.

Одним из самых основательных трудов по теме оказалась книга «Застывший взгляд. Физиологическое воздействие телевидения на развитие детей», которую написал немецкий ученый Райнер Вацлав. В книге приведено множество различных исследований ученых из разных стран. Основное внимание уделено альфа-состоянию, которое входит человек, смотрящий видеопродукции. Альфа-состояние - это общее название для схожих процессов в головном мозге, когда генерируются электромагнитные волны одной длины, альфа-волн. Такое состояние характерно для людей, находящихся в полудрёме, в трансе, под гипнозом и смотрящих телевизор. Первые три состояния характеризуются частичным или полным отсутствием сознания. Почему не предположить тоже и о просмотре ТВ? В 1992 году американские исследователи, обеспокоенные эпидемией ожирения среди детей, обследовали 31 девочку с нормальным и избыточным весом. Во время эксперимента девочек просили устроиться поудобнее и расслабиться. Через определенное время включался телевизор, показывали популярный фильм «Чудесные годы». Целью эксперимента было выяснить, как изменяется скорость обмена веществ в состоянии покоя. Поэтому был сделан замер так называемого основного обмена веществ в состоянии полного безделья во время 25 минутного просмотра ТВ и после него. Никто и представить себе не мог, насколько резко упадет скорость обмена веществ сразу после включения телевизора.

Хотя по логике предполагался рост, ведь на экране появляются новые визуальные образы звук, информация, а значит, мозг должен работать активнее, чем в полном покое. А так как после включения телевизора менялась только работа мозга, ученые сделали вывод, что во время просмотра он загружен еще меньше, чем при безделье. Но что же перестает работать в голове, когда зажигается голубой экран?

Американский ученый и нейрофизиолог Патрик Келли занимался поиском методов не медикаментозного лечения болезни мозга. В план исследований входила компьютерная томография мозга во время различных занятий. Оказалось, что очень много участков мозга задействовано при быстром счете вслух от 1 до 120, быстром решении простых математических задач, запоминания не связанных слов. А вот во время просмотра телевизора были задействованы только теменная и височная доли больших полушарий, отвечающие за восприятие зрительных образов и звука. То есть во время просмотра телевидения участки мозга, отвечающие за анализ, критическое восприятие, нравственность, творчество, воображение и многое другое бездействуют. А то, что бездействует, не развивается и через какое-то время атрофируется.

https://youtu.be/UlFy2TOD3LM?si=nXTGnUN2wDgpI-qO

- Активны ли во время просмотра телевидения участки мозга, отвечающие за анализ и критическое восприятие?
- Почему автор говорит, что телевидение - мощное средство манипуляции сознанием?
- К каким выводам пришёл Райнер Вацлав в своём исследовании?

Задание 18. Соедините.

1) поглотить
2) бездействовать
3) ожирение
4) критическое восприятие
5) манипуляция
6) нравственность

a. critical perception
b. manipulation
c. absorb
d. morality
e. obesity
f. do nothing

Часть 4.4

Задание 19. Прослушайте и прочитайте словарь.

1. освещать/осветить – to give publicity
2. прямые указания - direct instructions
3. политический противник - political opponent
4. критик - critic
5. доступ - access
6. эфир – live, on the air
7. неоднократно - repeatedly
8. руководство - management
9. вычёркивать/вычеркнуть – to cross out
10. запрещать/запретить - to prohibit
11. откровенно - frankly
12. приглашать/пригласить – to invite
13. оппозиционер - oppositionist
14. огласка - publicity
15. общественное движение - social movement
16. пометка - mark
17. цензурировать - censor
18. приглядываться/приглядеться – to take a closer look
19. ультиматум - ultimatum

Задание 20. Послушайте запись. Впишите слова.

…………………... телеканала, и сама Филипповская наличие стоп листа отрицали. Российское телевидение …………………..., кабельные и интернет каналы переходят под …………………... государства, и, судя по изменениям редакционной политики того же РБК, Кремль начинает внимательно …………………... к Интернету.

Задание 21. Послушайте фразы.

Стоп-листы — это неформальные списки …

Стоп-листы — это неформальные списки тех, кого нельзя звать в эфир, …

Стоп-листы — это неформальные списки тех, кого нельзя звать в эфир, или темы, …

Стоп-листы — это неформальные списки тех, кого нельзя звать в эфир, или темы, которые освещать нельзя.

Список неформальный, …

Список неформальный, сотрудники …

Список неформальный, сотрудники боятся …

Список неформальный, сотрудники боятся огласки.

Телеведущий Владимир Познер …

Телеведущий Владимир Познер неоднократно рассказывал …

Телеведущий Владимир Познер неоднократно рассказывал о стоп -листах …

Телеведущий Владимир Познер неоднократно рассказывал о стоп - листах Первого канала.

Задание 22. Прослушайте однокоренные слова.

Свет – освещать, доступ – доступный, разрешение – разрешить, приглашение – пригласить, редакция – редактировать, оппозиция - оппозиционер.

Задание 23. Посмотрите видео. Прочитайте статью. Ответьте на вопросы.

ЦЕНЗУРА НА РОССИЙСКОМ ТВ

Как работают стоп-листы на российских телеканала?

Что такое стоп-листы? Это неформальные списки тех, кого нельзя звать в эфир, или темы, которые освещать нельзя. Иногда это рекомендации, иногда прямые указания. О стоп-листах на российском ТВ в 2008 году писал Нью-Йорк Таймс, они включали в себя политических противников и других критиков правительства, которым по указанию Кремля был закрыт доступ в новости и политические шоу. Телеведущий Владимир Познер неоднократно рассказывал о стоп-листах Первого канала. Перед эфиром ведущий рассказывает, руководство, кого планирует позвать, могут разрешить или вычеркнуть. В 2012 году Познер рассказал, что ему запретили пригласить в эфир Алексея Навального.

- Мне не дают вас пригласить. Я это откровенно совершенно говорю. Есть несколько человек, в том числе и вы, кого я пока не могу пригласить в программу.

- Если этот человек дает вам указание приглашать или не приглашать, наверное…

- Приглашать не дает. Понимаете, тут тонкость есть: приглашать - нет, а вот не приглашать - да.

Вскоре после этого ведущему поставили ультиматум: он должен либо уйти из «Дождя», либо с «Первого». Познер выбрал свое шоу на Первом канале и заметил, что его программа с Навальным, в которой он сообщил о запрете звать оппозиционера на первый, вызвала недовольство руководства. В 21011 сотрудник одного из федеральных каналов рассказывал Газете.Ru, что политические сюжеты режется на монтаже. На «Первом» и на

«Россия-1» ограничений на бумаге нет. Список неформальный, сотрудники боятся огласки. В Питере свои запреты. Уже закрывшихся телеканал Life78 не показывал депутатов ЗакСа (Законодательное собрание Санкт-Петербурга) Максима Резника, Бориса Вишневского, Марина Шишкина. Но позже запрет сняли. Потом в топ листе оказался Александр Холодов, председатель петербургского отделения общественного движения «Комитет защиты прав автомобилистов». За троллинг канала в соцсетях. В августе 2017 Дождь сообщил, что новое руководство телеканала РБК ввело стоп лист экспертов, к которым журналистам нельзя обращаться за комментариями. Кристина Филипповская, руководитель продюсерской службы канала, составила список экспертов, сопроводив его пометками «очень хороший» «можно, но аккуратно», «только по согласованию со Штейнбухом». Руководство телеканала, и сама Филипповская наличие стоп листа отрицали. Российское телевидение цензурируется, кабельные и интернет-каналы переходят под контроль государства, и, судя по изменениям редакционной политики того же РБК, Кремль начинает внимательно приглядываться к Интернету.

https://www.youtube.com/watch?v=uroOHOuVNEA&t=24s

- Что такое стоп-лист? С какой целью они вводятся?
- Почему Познеру пришлось уйти с телеканала «Дождь»?
- По мнению автора видео, есть ли цензура на российском телевидении?

Задание 24. Соедините.

1) прямые указания
2) политический противник
3) неоднократно
4) вычеркнуть
5) огласка
6) цензурировать

a. repeatedly
b. direct instructions
c. censor
d. political opponent
e. publicity
f. to cross out

Часть 4.5

Задание 25. Послушайте и прочитайте словарь.

1. признавать/признать – to acknowledge
2. освещение - coverage
3. попросту - simply
4. умалчивать/умолчать - keep silent
5. масштаб - scale
6. народное недовольство - popular discontent
7. сюжет - plot
8. царить – to reign
9. редактор - editor
10. сборник анекдотов - collection of jokes
11. вырезать – to cut
12. безобидная шутка - harmless joke
13. разобрать – disassemble, declutter
14. лыжи - skis
15. банка - jar
16. шутить - joke
17. травить – to bully
18. вишенка на торте - icing on the cake
19. зомбоящик - zombie box
20. позор - shame
21. богоподобный - godlike
22. идеология - ideology

Задание 26. Послушайте запись. Впишите слова.

Это уже не первый случай, когда люди, имеющие отношение к ………………..., говорят о ……………….. цензуре. Около года назад об этом рассказал бывший ……………….. КВН и капитан команды СОК из Самары Дмитрий Колчин. Юморист заявил, что ушел из программы, так как КВН превратился в сборник ………………….., а цензура вырезает даже самые ………………... шутки и песни.

Задание 27. Послушайте фразы.

Журналист обратил внимание …

Журналист обратил внимание на то, …

Журналист обратил внимание на то, что федеральные каналы попросту умалчивали о масштабах …

Журналист обратил внимание на то, что федеральные каналы попросту умалчивали о масштабах народного недовольства.

Юморист заявил, …

Юморист заявил, что ушел из программы, …

Юморист заявил, что ушел из программы, так как КВН превратился в сборник анекдотов, …

Юморист заявил, что ушел из программы, так как КВН превратился в сборник анекдотов, а цензура вырезает даже самые безобидные …

Юморист заявил, что ушел из программы, так как КВН превратился в сборник анекдотов, а цензура вырезает даже самые безобидные шутки и песни.

Задание 28. Послушайте однокоренные слова.

Обида-обижать-обидный-безобидный, царь-царить-царящий, резать – вырезать, травля-травить, запрет-запрещать-запрещённый.

Задание 29. Посмотрите видео. Прочитайте статью.

ВЕДУЩИЙ «РОССИИ 24» ПРИЗНАЛ ЦЕНЗУРУ НА ТВ.

Ведущий телеканала Россия 24 Антон Борисов, выступая в Кургане перед местными журналистами и студентами, признал наличие цензуры на телевидении. В качестве примера он использовал освещение московских протестов прошлого лета. Журналист обратил внимание на то, что федеральные каналы попросту умалчивали о масштабах народного недовольства. Кроме того, Борисов дал оценку материалам своих коллег и заявил, что семиминутные сюжеты про Путина — это перебор и любую историю можно рассказать всего за полторы минуты.

- Путин, Путин, Путин, Путин, Путин, Путин, Путин, Путин, Путин, Путин, Путин, Путин. Родила коала. Вот такие новости у Первого канала.

Это уже не первый случай, когда люди, имеющие отношение к телевидению, говорят о царящей цензуре. Около года назад об этом рассказал бывший редактор КВН и капитан команды СОК из Самары Дмитрий Колчин. Юморист заявил, что ушел из программы, так как КВН превратился в сборник анекдотов, а цензура вырезает даже самые безобидные шутки и песни.

- Песня была про то, что надо разобрать балкон. Перемен требуют наши сердца. Про балкон надо лыжи убрать и банки убрать. А здесь вот поставить диван. Ну, грубо говоря, вот такая песня. И они под песню Цоя «Перемен» это спели. Пришел человек в день генералки, после генералки и сказал: «Эту песню включать на Первом канале нельзя. Эта песня - прямая ассоциация с недовольство властью».

То же самое в конце прошлого года говорил и Сергей Светлаков, который объяснял закрытие программы «Прожектор Перис Хилтон» невозможностью шутить над властью. О цензуре упоминал и Максим Галкин на своем концерте, после чего его начали травить пропагандисты. Ну а дальше вы помните, Малахов пожаловался на запрет программы про черный снег на Кузбассе. А вишенкой на торте стало признание гендиректора Первого канала Константина Эрнста, что зомбоящик ко всему еще и фейки про Украину показывал. Так что цензура на ТВ — это не новость, это наш общероссийский позор. И справиться с ним можно только одним способом - каждый день объяснять своим родственникам и друзьям, что российское телевидение смотреть нельзя. Это сложно, долго и мучительно, но по-другому не получится. Иначе завтра мы проснемся в Северной Корее с богоподобным вождем и идеологией Пучхе.

https://www.youtube.com/watch?v=UeEm-BROqBY&t=72s

- Сформулируйте точку зрения ведущего касательно цензуры на российском телевидении.
- Какие примеры цензуры приводит журналист?
- На что жалуются редакторы, юмористы и ведущие?

Задание 30. Соедините.

1) освещение
2) масштаб
3) царить
4) безобидная шутка
5) вишенка на торте
6) зомбоящик

a. coverage
b. harmless joke
c. icing on the cake
d. to reign
e. zombie box
f. scale

Глава 5. ОБОРОНА И ВОЕННЫЕ УЧЕНИЯ

Часть 5.1

Задание 1. Послушайте и прочитайте словарь.

1. нанести/наносить массированный удар по территории - inflict a massive strike on the territory
2. беспилотник (беспилотный летательный аппарат) - drone
3. ракета - rocket
4. погибшие - dead
5. по оценкам СМИ - according to media estimates
6. атака - attack
7. запускать/запустить - launch
8. быть перехваченным - be intercepted
9. преступление - crime
10. посольство - embassy
11. консульский отдел - the Consular Section
12. масштабный рейд - large-scale raid

13. выстроиться в очередь - line up

14. заправочная станция - Gas station

15. запастись бензином - stock up on gasoline

16. в ожидании обострения обстановки - in anticipation of an escalation of the situation

17. незадолго до - shortly before

18. непоколебимая поддержка - unwavering support

19. нападение - attack

20. неприемлемый - unacceptable

21. развитие событий -   sequence of events

22. хладнокровно - cold-bloodedly

23. решительно – decisively

Задание 2. Послушайте запись. Впишите слова.

Иран в ночь на воскресенье нанес массированный ………………….. по территории Израиля сотнями ………………….. и ракет. О погибших на территории еврейского государства пока не сообщается. Премьер-министр Израиля Нетаньяху незадолго до иранского удара, заявил, что еврейское государство готово к любому ………………….. событий, а также ………………….. по тому, кто нанесет удар по нему", "………………….. и решительно".

Задание 3. Послушайте фразы.

Как сообщается, …

Как сообщается, беспилотники были …

Как сообщается, беспилотники были запущены из западных …

Как сообщается, беспилотники были запущены из западных провинций Ирана.

Иран в ночь на воскресенье …

Иран в ночь на воскресенье нанес массированный удар …

Иран в ночь на воскресенье нанес массированный удар по территории Израиля …

Иран в ночь на воскресенье нанес массированный удар по территории Израиля сотнями беспилотников и ракет.

По оценкам западных СМИ, …

По оценкам западных СМИ, в атаке были задействовали …

По оценкам западных СМИ, в атаке были задействовали 400-500 беспилотных летательных аппаратов …

По оценкам западных СМИ, в атаке были задействовали 400-500 беспилотных летательных аппаратов и около 150 ракет.

Задание 4. Послушайте однокоренные слова.

Атака – атаковать, удар – ударить, запуск – пускать – запустить, острый – обострение, нападать – нападение.

Задание 5. Посмотрите видео. Прочитайте статью.

ИРАН АТАКОВАЛ ИЗРАИЛЬ СОТНЯМИ РАКЕТ И ДРОНОВ

Иран в ночь на воскресенье нанес массированный удар по территории Израиля сотнями беспилотников и ракет. О погибших на территории еврейского государства пока не сообщается.

По оценкам западных СМИ, в атаке были задействовали 400-500 беспилотных летательных аппаратов и около 150 ракет. Как сообщается, беспилотники были запущены из западных провинций Ирана. ЦАХАЛ утверждает, что 99% ракет и дронов были перехвачены. Иранский Корпус стражей исламской революции заявил, что атаковал цели в Израиле в ответ на "многочисленные преступления", в том числе израильскую атаку на консульский отдел посольства Ирана в Дамаске.

Это первая в истории прямая атака с иранской территории на Израиль.

В Тегеране тысячи людей вышли на улицы, чтобы отпраздновать масштабный рейд. Многие водители, однако, выстроились в длинные очереди на заправочные станции, чтобы запастись бензином в ожидании дальнейшего обострения обстановки.

Страны Запада выступили в поддержку Израиля. Так, президент США Джо Байден заверил еврейское государство в непоколебимой поддержке. А глава дипломатической службы Евросоюза Жозеп Боррель назвал иранскую атаку "неприемлемым нападением".

Премьер-министр Израиля Биньямин Нетаньяху незадолго до иранского удара, заявил, что еврейское государство готово к любому развитию событий, а также ударит по тому, кто нанесет удар по нему", "хладнокровно и решительно".

https://www.youtube.com/watch?v=OGMp6v0q5wA

- Каким образом Израиль может ответить на удары по стране по словам Нетаньяху?
- По какой причине Иран нанес массированный удар по территории Израиля?
- Сколько было задействовано беспилотников и ракет в атаке на Израиль?
- Как отреагировали иранцы на прямую атаку?

Задание 6. Соедините.

1) беспилотник
2) по оценкам СМИ
3) запускать
4) масштабный
5) обострение обстановки
6) развитие событий

a. launch
b. large-scale
c. sequence of events
d. drone
e. an escalation of the situation
f. according to media estimates

Часть 5.2

Задание 7. Прослушайте и прочитайте словарь.

1. военные учения - military training
2. суша - land
3. оборона - defense
4. защита - protection
5. НАТО - NATO
6. манёвры - maneuvers
7. задействовать - engage
8. полковник - colonel
9. сухопутная оборона - ground defense
10. тем временем - meanwhile
11. авиабаза - air base
12. обслуживание самолётов - aircraft maintenance
13. модернизация - modernization
14. угроза - threat
15. неоимпериалистические амбиции - neo-imperialist ambitions

Задание 8. Послушайте запись. Впишите слова.

Йорн Квиллер, …………………., глава сухопутной …………………Финнмарка: "Прежде всего, Финнмарк — это район, который потенциально может стать местом возможной …………………со стороны России. Важно, чтобы мы …………………в соответствующей зоне".

Задание 9. Послушайте фразы.

Как сообщается, …

Как сообщается, на суше, в море и воздухе, …

Как сообщается, на суше, в море и воздухе, будут отрабатываться действия по обороне и защите …

Как сообщается, на суше, в море и воздухе, будут отрабатываться действия по обороне и защите стран альянса северного региона.

Тем временем Албания …

Тем временем Албания открыла авиабазу …

Тем временем Албания открыла авиабазу для обслуживания самолетов …

Тем временем Албания открыла авиабазу для обслуживания самолетов НАТО.

В манёврах задействованы …

В манёврах задействованы более 50 кораблей …

В манёврах задействованы более 50 кораблей, свыше 100 боевых самолетов.

Задание 10. Прослушайте однокоренные слова.

Оборона – оборонный – обороняться, опасность – безопасность – безопасный, манёвры – маневрировать, работа – отрабатываться.

Задание 11. Посмотрите видео. Прочитайте статью. Ответьте на вопросы.

НАТО ПРОВОДИТ КРУПНЫЕ ВОЕННЫЕ УЧЕНИЯ NORDIC RESPONSE

Двадцать тысяч солдат из 13-ти стран принимают участие в военных учениях НАТО Nordic Response. Как сообщается, на суше, в море и воздухе, будут отрабатываться действия по обороне и защите стран альянса северного региона.

В маневрах задействованы более 50 кораблей, свыше 100 боевых самолетов. Учения проходят в Швеции, Финляндии и Норвегии, в районе Финнмарка.

Йорн Квиллер, полковник, глава сухопутной обороны Финнмарка: "Прежде всего, Финнмарк — это район, который потенциально может стать местом возможной агрессии со стороны России. Важно, чтобы мы практиковались в соответствующей зоне".

Себастьян Мауруд, солдат: «Вы учитесь быть дисциплинированными. Мы должны всегда заботиться друг о друге и о себе. А ещё мы всегда должны знать, что делать, и мы этому учились. Это даёт нам много хорошего опыта, как сейчас, так и в будущем.»

Тем временем Албания открыла авиабазу в Кучове для обслуживания самолетов НАТО. На модернизацию базы советских времен альянс инвестировал порядка 50-ти миллионов евро. Более 5 миллионов евро было выделено правительством Албании.

По словам премьер-министра Албании Эди Рамы, эта база добавит еще один элемент безопасности для Западных Балкан, находящихся под угрозой из-за неоимпериалистических амбиций России.

https://www.youtube.com/watch?v=K2TFeOqat0I

- Какие учения и с какой целью проводит НАТО?
- Сколько солдат принимают участие в учениях?
- Почему учения проходят в Швеции, Финляндии и Норвегии?
- Для чего Албания открыла авиабазу в Кучове?

Задание 12. Соедините.

1) военные учения
2) оборона
3) полковник
4) авиабаза

a. defense
b. air base
c. threat
d. colonel

5) угроза
6) обслуживание самолётов

e. aircraft maintenance
f. military training

Часть 5.3

Задание 13. Прослушайте и прочитайте словарь.

1. военно-морские учения - naval exercises
2. военные ведомства - military departments
3. усиление безопасности морской торговли - strengthening the security of maritime trade
4. эсминцы и фрегаты - destroyers and frigates
5. управляемые ракеты - guided missiles
6. военное сотрудничество - military cooperation
7. на фоне нового витка напряжённости - amid a new round of tension
8. дроны иранского производства - Iranian-made drones

Задание 14. Послушайте запись. Впишите слова.

ВМС Китая, России и Ирана проводят совместные ……………….. в Оманском заливе, которые продлятся до пятницы, сообщили военные ……………….. и официальные СМИ трёх стран, добавив, что их цель – усиление ……………….. морской торговли.

Задание 15. Послушайте фразы.

В манёврах задействованы …

В манёврах задействованы эсминцы и фрегаты …

В манёврах задействованы эсминцы и фрегаты с управляемыми ракетами.

В последние годы Тегеран …

В последние годы Тегеран активизировал военное сотрудничество …

В последние годы Тегеран активизировал военное сотрудничество с Пекином и Москвой …

В последние годы Тегеран активизировал военное сотрудничество с Пекином и Москвой на фоне нового витка напряжённости …

В последние годы Тегеран активизировал военное сотрудничество с Пекином и Москвой на фоне нового витка напряжённости в отношениях с Западом.

ВМС Китая, России и Ирана …

ВМС Китая, России и Ирана проводят совместные учения …

ВМС Китая, России и Ирана проводят совместные учения в Оманском заливе, …

ВМС Китая, России и Ирана проводят совместные учения в Оманском заливе, которые продлятся до пятницы.

Задание 16. Прослушайте однокоренные слова.

Усиление – усилить, действовать – задействовать, сотрудничать – сотрудничество, напряжённый – напряжённость.

Задание 17. Посмотрите видео. Прочитайте статью. Ответьте на вопросы.

КИТАЙ, РОССИЯ И ИРАН ПРОВОДЯТ ВОЕННО-МОРСКИЕ УЧЕНИЯ

ВМС Китая, России и Ирана проводят совместные учения в Оманском заливе, которые продлятся до пятницы, сообщили военные ведомства и официальные СМИ трёх стран, добавив, что их цель – усиление безопасности морской торговли.

В манёврах задействованы эсминцы и фрегаты с управляемыми ракетами – всего более 20 кораблей.

В последние годы Тегеран активизировал военное сотрудничество с Пекином и Москвой на фоне нового витка напряжённости в отношениях с Западом. Дроны иранского производства сейчас используются в войне против Украины.

https://www.youtube.com/watch?v=0ufBeEjdvi8

- Какие учения и с какой целью проводят ВМС Китая, России и Ирана?
- Сколько кораблей участвует в учениях?
- По какой причине Тегеран активизировал военное сотрудничество с Пекином и Москвой в последние годы?

Задание 18. Соедините.

1) военные ведомства
2) усиление безопасности
3) фрегаты
4) управляемые ракеты
5) на фоне нового витка напряжённости
6) морская торговля

a. amid a new round of tension
b. military departments
c. strengthening the security
d. maritime trade
e. frigates
f. guided missiles

Часть 5.4

Задание 19. Прослушайте и прочитайте словарь.

1. КНДР - North Korea
2. испытывать/испытать – to test

3. ядерный подводный беспилотник - nuclear underwater drone
4. в знак протеста - in protest
5. военно-морские учения - naval exercises
6. манёвры - maneuvers
7. провокационный - provocative
8. способный - capable
9. нести ядерное оружие - carry nuclear weapons
10. восточное побережье - east coast
11. предупреждать/предупредить – to warn
12. совершать/совершить – to commit
13. ответные действия – response actions
14. в целях сдерживания враждебных акций ВМС США - in order to deter hostile actions of the US Navy
15. союзник - ally
16. пригрозить – to threaten
17. последствие - consequence

Задание 20. Послушайте запись. Впишите слова.

Пхеньян ………………… , что продолжит совершать "………………… действия в целях сдерживания враждебных акций ВМС США и их союзников" и пригрозил "катастрофическими ………………… ".

Задание 21. Послушайте фразы.

Военные КНДР …

Военные КНДР испытали ядерный подводный …

Военные КНДР испытали ядерный подводный беспилотник.

В Северной Корее …

В Северной Корее называют эти маневры …

В Северной Корее называют эти маневры провокационными.

Сообщается, что испытания …

Сообщается, что испытания подводных ударных дронов, …

Сообщается, что испытания подводных ударных дронов, способных нести ядерное оружие,…

Сообщается, что испытания подводных ударных дронов, способных нести ядерное оружие, было проведено в водах …

Сообщается, что испытания подводных ударных дронов, способных нести ядерное оружие, было проведено в водах у восточного побережья страны.

Задание 22. Прослушайте однокоренные слова.

Испытание – испытывать, водный – подводный, провокация – провокационный, восток – восточный, ответ – ответный, союз – союзник.

Задание 23. Посмотрите видео. Прочитайте статью. Ответьте на вопросы.

ВОЕННЫЕ КНДР ИСПЫТАЛИ ЯДЕРНЫЙ ПОДВОДНЫЙ БЕСПИЛОТНИК

Пхеньян заявил, что северокорейские военные испытали новый ядерный подводный беспилотник "Хаиль-5-23" в знак протеста против военно-морских учений США, Южной Кореи и Японии. В Северной Корее называют эти маневры провокационными.

Сообщается, что испытания подводных ударных дронов, способных нести ядерное оружие, было проведено в водах у восточного побережья страны.

Пхеньян предупредил, что продолжит совершать "ответные действия в целях сдерживания враждебных акций ВМС США и их союзников" и пригрозил "катастрофическими последствиями".

https://www.youtube.com/watch?v=KTpuXJrGMlo

- Какие учения и с какой целью проводят военные КНДР?
- Что такое «Хаиль-5-23»?
- Почему Пхеньян пригрозил "катастрофическими последствиями" ВМС США и их союзникам?

Задание 24. Соедините.

1) провокационный
2) в знак протеста
3) ядерное оружие
4) предупредить
5) союзник
6) пригрозить

a. provocative
b. to threaten
c. in protest
d. ally
e. to warn
f. nuclear weapons

Глава 6.
ИСКУССТВЕННЫЙ ИНТЕЛЛЕКТ В ОБУЧЕНИИ

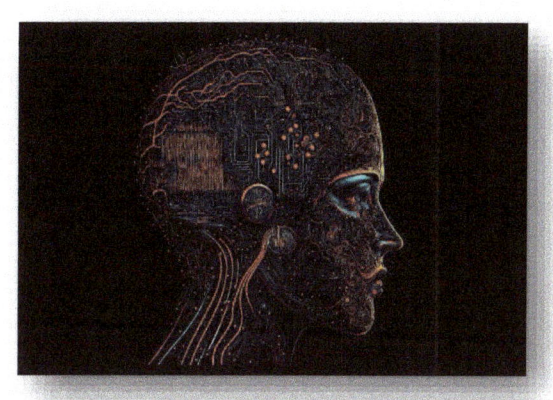

Часть 6.1

Задание 1. Послушайте и прочитайте словарь.

1. очередная новость - another news
2. искусственный интеллект - artificial intelligence
3. Министерство Просвещения - Ministry of Education
4. иначе - otherwise
5. несправедливо - not fair
6. применять/применить - apply
7. затраченное время - time spent
8. генерировать/сгенерировать – to generate
9. уравновешивать/уравновесить – to balance
10. проверка - check
11. вовлекать - involve
12. загибаться (*сленг*) - to die

13. высокое начальство - high authorities

14. в скобочках - in brackets

15. цифровизация - digitalization

16. дебилизация – the process of becoming an idiot

17. население - population

18. выть/взвыть - howl

19. повреждения – damages, injuries

20. болван - idiot

21. гораздо - much

Задание 2. Послушайте запись. Впишите слова.

Теперь у нас и задания делает искусственный ………………..., и проверяет их искусственно. Только непонятно, зачем все это происходит, потому что люди в этот процесс оказываются не ………………... Ученики ничего не понимают. Учителя не понимают, что они, что их ученики ничего не понимают. И в результате образование ………………..., и скоро уже искусственный интеллект будет проверять самого себя. А, собственно, какой в этом смысл? Смысла в этом никакого, ………………..., нет, кроме того, что нужно нашему высокому ………………...отчитаться об очередном росте уровня ………………...

Задание 3. Послушайте фразы.

Министерство просвещения …

Министерство просвещения разрешает российским учителям …

Министерство просвещения разрешает российским учителям применять при проверке домашних заданий …

Министерство просвещения разрешает российским учителям применять при проверке домашних заданий искусственный интеллект.

Знания нужны людям …

Знания нужны людям для того, чтобы они их применяли на практике …

Знания нужны людям для того, чтобы они их применяли на практике и сами решали те задачи, …

Знания нужны людям для того, чтобы они их применяли на практике и сами решали те задачи, которые возникают в реальности.

Потому что жизнь состоит …

Потому что жизнь состоит не из заданий, …

Потому что жизнь состоит не из заданий, которые можно сделать …

Потому что жизнь состоит не из заданий, которые можно сделать по учебнику.

Задание 4. Послушайте однокоренные слова.

Свет – просвещение, очередь – очередной, готовиться – подготовка, равный – уравновесить.

Задание 5. Посмотрите видео. Прочитайте статью.

ИСКУССТВЕННЫЙ ИНТЕЛЛЕКТ ВМЕСТО УЧИТЕЛЯ. КУДА МЫ ПРИДЕМ?

Сегодня у нас очередная новость из мира искусственного интеллекта. Министерство просвещения наконец-таки разрешает российским учителям применять при проверке домашних заданий искусственный интеллект. Потому что иначе это оказывается несправедливо: ученики могут применять искусственный интеллект, когда готовятся, а учителя не могут, поэтому время на подготовку у учеников будет все меньше, а учителей - затраченное время на проверку того, что нагенерировали искусственные интеллекты все больше. Поэтому, чтобы уравновесить ситуацию, учителям тоже можно применять при проверке искусственный интеллект.

Теперь у нас и задания делает искусственный интеллект, и проверяет их искусственно. Только непонятно, зачем все это происходит, потому что люди в этот процесс оказываются не вовлечены. Ученики ничего не понимают. Учителя не понимают, что они, что их ученики ничего не понимают. И в результате образование загибается, и скоро уже искусственный интеллект будет проверять самого себя. А, собственно, какой в этом смысл? Смысла в этом никакого, очевидно, нет, кроме того, что нужно нашему высокому начальству отчитаться об очередном росте уровня цифровизации в скобочках «дебилизации населения». Потому что никакой другой практической выгоды от этого внедрения нет. Знания нужны людям для того, чтобы они их применяли на практике и сами решали те задачи, которые возникают в реальности.

И никакие искусственные интеллекты не будут решать за них другие задачи. Потому что как только они начнут решать задачи за них, то тут все и взвоют.

Потому что жизнь состоит не из заданий, которые можно сделать по учебнику. Но проблема в том, что вас никто при этом проверять не будет, и ответственность за неправильно принятое решение будет лежать на вас, а не на искусственном интеллекте, даже если вы им пользуетесь в хвост и в гриву. Поэтому если вы что-то посчитаете неправильно, то отвечать придется вам лично. И сидеть вы будете в реальной тюрьме, а не в цифровой, и заплатите реальный штраф, а может быть, даже и не только штраф, но и какие-то повреждения для здоровья могут последовать в этом случае.

Поэтому относитесь к образованию ответственно и не доверяйте своё образование и свою судьбу деревянному или электронному болвану в лице искусственного интеллекта. Он тоже, мягко говоря, создан кем-то. Этот самый кем-то считает себя гораздо умнее вас, потому что он создал программу, которая заменяет вас, поэтому вы тоже со временем будете заменены, а он останется, потому что он умнее.

https://vk.com/video-50740698_456242686

- Какого мнения придерживается ведущий касательно ИИ в образовании?
- Вы считаете, что ученики и учителя должны использовать ИИ?

- Вы считаете ИИ болваном?
- Зачем людям нужны знания по мнению ведущего?

Задание 6. Соедините.

1) Министерство Просвещения
2) уравновесить
3) высокое начальство
4) цифровизация
5) повреждения
6) иначе

a. otherwise
b. digitalization
c. Ministry of Education
d. high authorities
e. damage
f. to balance

Часть 6.2

Задание 7. Прослушайте и прочитайте словарь.

1. вставить – insert, paste
2. без участия - without participation
3. алгоритм - algorithm
4. пост в ленте соцсетей - post on social media feed
5. пылесос - vacuum cleaner
6. светофор - traffic light
7. перекрёсток - crossroads
8. захватить мир - take over the world
9. методом проб и ошибок – using trial and error method
10. закономерность - pattern
11. сотрудник - employee
12. вывод - conclusion
13. мем - meme

14. выполнять работу - do the job
15. развиваться - develop
16. поддержать в трудную минуту - support in difficult times
17. юмор - humor
18. креативность - creativity
19. эмпатия - empathy
20. киборг - cyborg
21. цифровой кентавр - digital centaur
22. окончательный диагноз - final diagnosis
23. совершать научные открытия - make scientific discoveries

Задание 8. Послушайте запись. Впишите слова.

Машина .... как ребёнок. На примерах, методом проб и .... мы загружаем в машину данные, она ищет в них .... и постепенно становится умнее. Все как у нас, только намного быстрее. Не надо 11 лет подряд ходить в школу. При этом во многом искусственный интеллект умнее и .... людей. И не только твоих одноклассников, но и великих мировых учёных. Например, он может за считанные секунды ....гигантское количество данных и сделать из них выводы. А ещё он никогда не устает, не спит и не обедает. Просто идеальный ученик или ....!

Задание 9. Послушайте фразы.

Современные роботы ...

Современные роботы - не гигантские кучи железа, ...

Современные роботы - не гигантские кучи железа, которых показывают ...

Современные роботы - не гигантские кучи железа, которых показывают в кино.

Это сложные, невидимые алгоритмы, ...

Это сложные, невидимые алгоритмы, которые каждый день …

Это сложные, невидимые алгоритмы, которые каждый день творят магию …

Это сложные, невидимые алгоритмы, которые каждый день творят магию и делают нашу жизнь лучше.

Например, он может за считанные …

Например, он может за считанные секунды обработать гигантское количество данных …

Например, он может за считанные секунды обработать гигантское количество данных и сделать из них выводы.

Задание 10. Прослушайте однокоренные слова.

Изобретать – изобретение, робот – роботизация, анализ – анализировать, работать – обработать, труд – сотрудничество, адаптация - адаптироваться.

Задание 11. Посмотрите видео. Прочитайте статью. Ответьте на вопросы.

ИСКУССТВЕННЫЙ ИНТЕЛЛЕКТ В ОБРАЗОВАНИИ

Искать, копировать, вставить, искать, копировать, вставить опять и опять ошибка. А вот бы это делалось само по себе, без нашего участия. Так, стоп! Пока мы об этом мечтали, учёные не спали и как раз-таки изобрели что-то похожее. Современные роботы - не гигантские кучи железа, которых показывают в кино. Это сложные, невидимые алгоритмы, которые каждый день творят магию и делают нашу жизнь лучше. Например, они показывают тебе интересные посты в умной ленте соцсетей, убираются с помощью робота пылесоса, вовремя включают и выключают светофоры на перекрёстках, работают на фабриках и при этом даже не пытаются захватить мир. Хотя кто знает, когда они решат, что хватит это терпеть? На самом деле решать они ничего не могут. Но это не потому, что им ничего не разрешают, а потому, что это всего лишь набор определённых алгоритмов. Эти алгоритмы называются искусственным интеллектом, так же, как и мы с тобой. Они умеют видеть, слышать и читать, запоминать то, что узнали, анализировать информацию, делать выводы и даже учиться.

Машина учится как ребёнок. На примерах, методом проб и ошибок мы загружаем в машину данные, она ищет в них закономерности и постепенно становится умнее. Все как у нас, только намного быстрее. Не надо 11 лет подряд ходить в школу. При этом во многом искусственный интеллект умнее и эффективнее людей. И не только твоих одноклассников, но и великих мировых учёных. Например, он может за считанные секунды обработать гигантское количество данных и сделать из них выводы. А ещё он никогда не устает, не спит и не обедает. Просто идеальный ученик или сотрудник! И не жалуется. Поэтому умным алгоритмам всё чаще поручают простую работу, которую раньше выполняли люди. Выполняя её, он постоянно развивается. Возможно, он даже когда-то научится делать по-настоящему смешные мемы, но, скорее всего, вряд ли. Искусственный интеллект не сможет оценить шутку, не придумает миллион способов ничего не делать и не поддержит в трудную минуту. Ведь только у людей есть чувство юмора, креативность и эмпатия. Но что, если объединить человека и алгоритм? И нет. Сейчас мы не имеем в виду создание киборгов ниндзя.

Мы говорим про сотрудничество человека и машины. Такая пара называется цифровой кентавр. Там, где не справляется человеческий интеллект, помогает искусственный и наоборот. Например, в медицине: у современных врачей уже есть умные цифровые помощники. Они анализируют данные о здоровье пациента и отдают специалисту результаты, а он уже ставит окончательный диагноз. Дизайнеры также используют умные алгоритмы: они создают основы для дизайна, а потом люди уже выбирают из них лучшее и адаптируют под задачу. Цифровые кентавры приходят даже в образование. Новые алгоритмы позволят учителям не тратить времени на то, чтобы проверить миллион пробных тестов или пытаться разобрать чей-то уникальный почерк. За них это сделает умный алгоритм, а они смогут больше внимания уделять ученикам и показывать им классные ролики про искусственный интеллект. Совсем скоро система цифровых кентавров изменит и другие профессии. Пара из людей и машин будут писать вместе музыку, совершать научные открытия и летать на Марс. Благодаря цифровым кентаврам появятся и совершенно новые профессии. Мы пока не знаем, какие. Может, у тебя есть идеи?

https://www.youtube.com/watch?v=_mIiglRBD38&t=87s

- Кто такие цифровые кентавры?
- Как относится автор видео к ИИ?
- С чем Вы согласны, а с чем не согласны?

Задание 12. Соедините.

1) алгоритм
2) пост в ленте соцсетей
3) пылесос
4) захватить мир
5) закономерность
6) киборг

a. post on social media feed
b. algorithm
c. take over the world
d. pattern
e. cyborg
f. vacuum cleaner

Часть 6.3

Задание 13. Прослушайте и прочитайте словарь.

1. автоматизировать создание учебных материалов и заданий - automate the creation of educational materials and assignments
2. увлекательный – engaging
3. стойкое ощущение - persistent feeling
4. всерьез и надолго - seriously and for a long time
5. универсальность - versatility
6. широкий спектр возможностей - wide range of possibilities
7. отпуск - vacation
8. обогащение - enrichment
9. мероприятие - event
10. оценочный - evaluative

11. нейросеть - neural network

12. запрос - request

Задание 14. Послушайте запись. Впишите слова.

За время ………………….. на программе я получила ответы на волнующие многих вопросы о культуре и этике применения этого инструмента в преподавании. Теперь это мой ………………….. ассистент, работающий без отпусков и выходных. Да, я применяю его в разных ситуациях. Я ………………….. создание писем студентов по разным вопросам обучения. Пересмотрела планы некоторых занятий. На ежедневной основе я разрабатываю задания и примеры по изучаемому языковому материалу для ………………….. практики своих студентов.

Задание 15. Послушайте фразы.

В частности, искусственный интеллект …

В частности, искусственный интеллект позволяет генерировать обратную связь …

В частности, искусственный интеллект позволяет генерировать обратную связь от студента и разрабатывать новые подходы …

В частности, искусственный интеллект позволяет генерировать обратную связь от студента и разрабатывать новые подходы к оценке знаний.

Интеграция искусственного интеллекта …

Интеграция искусственного интеллекта в разработку учебных программ и оценочных материалов …

Интеграция искусственного интеллекта в разработку учебных программ и оценочных материалов позволяет значительно сократить время, …

Интеграция искусственного интеллекта в разработку учебных программ и оценочных материалов позволяет значительно сократить время, затрачиваемое на эти задачи, и освободить его …

Интеграция искусственного интеллекта в разработку учебных программ и оценочных материалов позволяет значительно сократить время, затрачиваемое на эти задачи, и освободить его для других педагогических мероприятий.

У меня есть стойкое ощущение, …

У меня есть стойкое ощущение, что этот комплекс инструментов …

У меня есть стойкое ощущение, что этот комплекс инструментов с нами всерьез …

У меня есть стойкое ощущение, что этот комплекс инструментов с нами всерьез и надолго.

Задание 16. Прослушайте однокоренные слова.

Усиление – усилить, действовать – задействовать, сотрудничать – сотрудничество, напряжённый – напряжённость.

Задание 17. Посмотрите видео. Прочитайте статью. Ответьте на вопросы.

ИНТЕРВЬЮ С ВЫПУСКНИКАМИ ПРОГРАММЫ «ГЕНЕРАТИВНЫЙ ИИ ДЛЯ ПРЕПОДАВАТЕЛЯ: СТРАТЕГИИ, ИНСТРУМЕНТЫ, ЭТИКА»

- Искусственный интеллект позволяет автоматизировать создание учебных материалов и заданий, персонализировать обучение для каждого студента и предоставить студенту более увлекательный и интерактивный образовательный опыт.

- У меня есть стойкое ощущение, что этот комплекс инструментов с нами всерьез и надолго. Если раньше мы доверяли алгоритму только рутинные задачи по проверке выполненных работ, тестов, то сейчас мы вполне можем положиться на него в педагогическом творчестве, в создании образовательных продуктов и контента.

- После программы мое представление об искусственном интеллекте изменилось. Я осознала его универсальность и широкий спектр возможностей. В частности, искусственный интеллект позволяет генерировать обратную связь от студента и разрабатывать новые подходы к оценке знаний.

- За время обучения на программе я получила ответы на волнующие многих вопросы о культуре и этике применения этого инструмента в преподавании. Теперь это мой персональный ассистент, работающий без отпусков и выходных. Да, я применяю его в разных ситуациях. Я автоматизировала создание писем студентов по разным вопросам обучения. Пересмотрела планы некоторых занятий. На ежедневной основе я разрабатываю задания и примеры по изучаемому языковому материалу для обогащения практики своих студентов.

- Интеграция искусственного интеллекта в разработку учебных программ и оценочных материалов позволяет значительно сократить время, затрачиваемое на эти задачи, и освободить его для других педагогических мероприятий.

- Многих интересует вопрос, как реагируют студенты, когда они узнают о том, что преподаватель тоже использует нейросети в своей работе. Я считаю, отлично. Студенты высоко оценили расширенный фидбэк на задание. На его написание мне теперь требуется гораздо меньше времени при подборе соответствующего запроса к нейросетям.

https://rutube.ru/video/57a5fb88e5b8b7e6e68eee04400e61d8/?t=122

- Какие положительные стороны использования ИИ отмечают преподаватели?
- Может ли ИИ стать персональным ассистентом?
- Можно ли действительно оптимизировать работу с помощью ИИ?

Задание 18. Соедините.

1) автоматизировать создание учебных материалов
2) стойкое ощущение
3) универсальность
4) обогащение
5) нейросеть
6) запрос

a. request
b. neural network
c. automate the creation of educational materials
d. versatility
e. persistent feeling
f. enrichment

Eleonora Kirpichnikova

RUSSIAN IN ACTION: LISTENING AND READING - 5

КЛЮЧИ

1.1

В некоторых районах Испании, например, в Малаге, даже **темнота** не приносит облегчения: в полночь **температура** воздуха может достигать 36°C. В Турции жара значительно осложняет борьбу с лесными **пожарами**, вспыхнувшими в провинции Мугла. Одна из деревень этого региона была **эвакуирована** во избежание человеческих **жертв**.

1.2

От огня к **ливням**: в Германии тем временем прошли сильные **дожди**, и в среду вечером в аэропорту Франкфурта из-за **подтопа** пришлось отменить десятки рейсов. Вода **достигла** метрополитена, на видеозаписях видно, как она каскадом стекает по эскалаторам на платформы.

1.3

Число **жертв** лесных **пожаров** на Гавайском острове Мауи возросло до 106. Но, по словам губернатора, цифра эта не окончательная, **спасатели** продолжают находить все новые тела.

Процесс их **идентификации** уже начался. Но, как заявляют власти, будет очень сложным и долгим.

1.4

"При ратификации Парижского **соглашения** нужно ставить вопрос о том, чтобы снять **санкции** для наших предприятий для того, чтобы те доступные **финансовые** средства, которыми располагают зарубежные финансовые институты и фонды, были доступны для наших предприятий – для того, чтобы они смогли проводить ту самую **экологическую** модернизацию".

1.5

Объяснить природу этих **явлений** просто: планета круглая, вертится, **нагревается** неравномерно, где теплее, воздух поднимается, **давление** падает, образуются **циклоны**. На **полюсах** воздух холодный опускается вниз. Вот вам высокое давление и **антициклоны**. Да и не только на нашем шарике.

2.1

Участники встречи в Люксембурге также разрабатывали меры по **борьбе** с онлайн-**радикализацией**, которой подверглись оба исполнителя терактов минувшей недели в Евросоюзе. Министры обязались расширить **сотрудничество** своих организаций, наладить обмен разведданными между странами-членами ЕС и повысить эффективность проверок на **внешних** границах. Главы МВД также хотят ускорить **возвращение** нелегальных мигрантов в страны происхождения или транзита, сделав такую меру обязательной, если эти люди представляют **угрозу** безопасности.

2.2

Эти кадры, снятые **очевидцами** теракта в Крокус Сити Холле: неизвестные в **камуфляжной** форме, примерно пять человек, проникнув в здание, сначала **расстреливают** охранников на входе, затем врываются в концертный зал, где собрались тысячи зрителей - поклонников группы «Пикник». Террористы бросают несколько **взрывпакетов**, затем открывают **огонь** по людям. Началась паника и давка. Одни бросились к спасательным выходам, другие пытались **забаррикадировался**, не понимая, что **террористы** уже внутри.

3.1

Мы опросили 30 **водителей**, половина не представляет свой день без автомобиля. И только трое готовы **отказаться** от машины на один день. А мы сравним: у нас один **маршрут** от Сокольников до Телецентра. Добираться будем двумя способами: на машине **навигатор** показывает 26 минут. Едем, считаем плюсы.

4.1

С древнейших времен передача информации была важным **инструментом** в руках разных людей. Купцы на базарах и религиозные лидеры были основным источником информации на **протяжении** тысячелетий. Тогда у правителей были свои техники **распространения** информации и управления народом. Изобретение книгопечатной машинки в 15 веке Иоганном Гуттенбергом, индустриализация в 19 и 20 веках, дальнейшее создание и развитие радио и телевидения и, в конечном итоге, интернета - **фундамент** новой системы, где важной частью управления является **медиа** и СМИ.

4.2

Мы живем в век настоящего **информационного** бума. Мир **переполнен** информацией. Мы регулярно ищем контент в интернете по актуальным для нас темам, и многие из нас регулярно создают свой **медиа** контент, публикуя посты в своих социальных **сетях** и **публично** выражая свое мнение по тому или иному вопросу.

4.3

В 1992 году американские исследователи, обеспокоенные эпидемией **ожирения** среди детей, обследовали 31 девочку с нормальным и избыточным весом. Во время эксперимента девочек просили устроиться поудобнее и **расслабиться**. Через определенное время включался **телевизор**, показывали популярный фильм «Чудесные годы». Целью эксперимента было выяснить, как изменяется **скорость** обмена веществ в состоянии покоя. Поэтому был сделан замер так называемого основного обмена **веществ** в состоянии полного безделья во время 25 минутного просмотра ТВ и после него. Никто и представить себе не мог, насколько резко **упадет** скорость обмена веществ сразу после включения телевизора.

4.4

Руководство телеканала и сама Филипповская наличие стоп листа отрицали. Российское телевидение **цензурируется**, кабельные и интернет каналы переходят под **контроль** государства, и, судя по изменениям редакционной политики того же РБК, Кремль начинает внимательно **приглядываться** к Интернету.

4.5

Это уже не первый случай, когда люди, имеющие отношение к **телевидению**, говорят о **царящей** цензуре. Около года назад об этом рассказал бывший **редактор** КВН и капитан команды СОК из Самары Дмитрий Колчин. Юморист заявил, что ушел из программы, так как КВН превратился в сборник **анекдотов**, а цензура вырезает даже самые **безобидные** шутки и песни.

5.1

Иран в ночь на воскресенье нанес массированный **удар** по территории Израиля сотнями **беспилотников** и ракет. О погибших на территории еврейского государства пока не сообщается. Премьер-министр Израиля Нетаньяху незадолго до иранского удара, заявил, что еврейское государство готово к любому **развитию** событий, а также **ударит** по тому, кто нанесет удар по нему", "**хладнокровно** и решительно".

5.2

Йорн Квиллер, **полковник**, глава сухопутной **обороны** Финнмарка: "Прежде всего, Финнмарк — это район, который потенциально может стать местом возможной **агрессии** со стороны России. Важно, чтобы мы **практиковались** в соответствующей зоне".

5.3

ВМС Китая, России и Ирана проводят совместные **учения** в Оманском заливе, которые продлятся до пятницы, сообщили военные **ведомства** и официальные СМИ трёх стран, добавив, что их цель – усиление **безопасности** морской торговли.

5.4

Пхеньян **предупредил**, что продолжит совершать "**ответные** действия в целях сдерживания враждебных акций ВМС США и их союзников" и пригрозил "катастрофическими **последствиями**".

6.1

Теперь у нас и задания делает искусственный **интеллект**, и проверяет их искусственно. Только непонятно, зачем все это происходит, потому что люди в этот процесс оказываются не **вовлечены**. Ученики ничего не понимают. Учителя не понимают, что они, что их ученики ничего не понимают. И в результате образование **загибается**, и скоро уже искусственный интеллект будет проверять самого себя. А, собственно, какой в этом смысл? Смысла в этом никакого, **очевидно**, нет, кроме того, что нужно нашему высокому **начальству** отчитаться об очередном росте уровня **цифровизации**

6.2

Машина **учится** как ребёнок. На примерах, методом проб и **ошибок** мы загружаем в машину данные, она ищет в них **закономерности** и постепенно становится умнее. Все как у нас, только намного быстрее. Не надо 11 лет подряд ходить в школу. При этом во многом искусственный интеллект умнее и **эффективнее** людей. И не только твоих одноклассников, но и великих мировых учёных. Например, он может за считанные секунды **обработать** гигантское количество данных и сделать из них **выводы**. А ещё он никогда не устает, не спит и не обедает. Просто идеальный ученик или **сотрудник**!

6.3

За время **обучения** на программе я получила ответы на волнующие многих вопросы о культуре и этике применения этого инструмента в преподавании. Теперь это мой **персональный** ассистент, работающий без отпусков и выходных. Да, я применяю его в разных ситуациях. Я **автоматизировала** создание писем студентов по разным вопросам обучения. Пересмотрела планы некоторых занятий. На ежедневной основе я разрабатываю задания и примеры по изучаемому языковому материалу для **обогащения** практики своих студентов.

Аудио и видео материалы к учебному пособию

https://drive.google.com/drive/folders/1KV_WMEAovHwtQvxGT3hXhNYpHYPi82RU?usp=sharing

Аудио: Е. Пивоваров, Э. Кирпичникова

Учебное издание
Кирпичникова Элеонора

Russian in Action: Listening and reading - 5

Учебное пособие по русскому языку для студентов, изучающих русский язык. Средний уровень.

Наши сайты:
Tesoro Language Center www.tesorolc.com
Interesting Russian www.interestingrussian.com
https://www.youtube.com/@interestingrussian

Copyright © 2024 by Eleonora Kirpichnikova

All rights reserved.

Title: RUSSIAN IN ACTION: LISTENING AND READING - 5

Author: Eleonora Kirpichnikova

2024

ISBN: ISBN: 978-1-969191-14-5

www.ingramcontent.com/pod-product-compliance
Lightning Source LLC
Chambersburg PA
CBHW061754290426
44108CB00029B/2987